义务教育教科书

语文

一年级

下册

教育部组织编写

总主编　温儒敏

人民教育出版社

·北京·

总 主 编：温儒敏
小学主编：陈先云（执行） 曹文轩 崔 峦 李吉林

编写人员：（以姓氏笔画为序）
吴 然 沈大安 张一清 张立霞
陈先云 徐 铁 常志丹 熊宁宁等
责任编辑：熊宁宁 常志丹
美术编辑：李宏庆

插图绘制：吴冠英 周建民 徐开云 李红专等
封面设计：吕 旻 李宏庆
封面绘图：景绍宗

义务教育教科书 语文 一年级 下册
教育部组织编写

出 版 人民教育出版社
（北京市海淀区中关村南大街17号院1号楼 邮编：100081）
网 址 http://www.pep.com.cn
重 印 安徽省教材出版中心
发 行 安徽新华传媒股份有限公司
印 刷 安徽新华印刷股份有限公司
版 次 2016年11月第1版
印 次 2018年1月安徽第2次印刷
开 本 787毫米×1092毫米 1/16
印 张 8
字 数 160千字
书 号 ISBN 978-7-107-31520-6
定 价 7.92元

目录

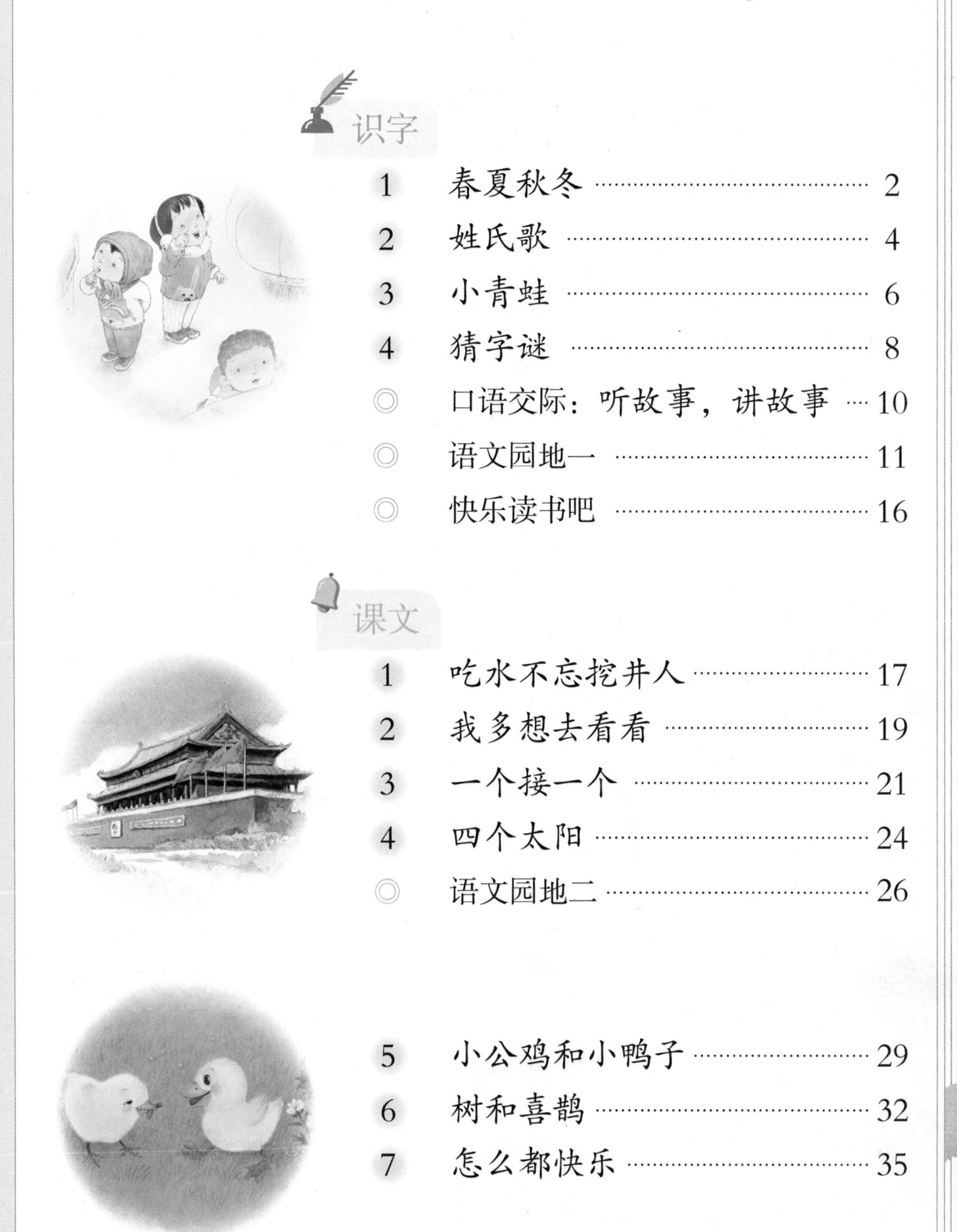

识字

课文

识字

课文

① 春夏秋冬

chūn xià qiū dōng

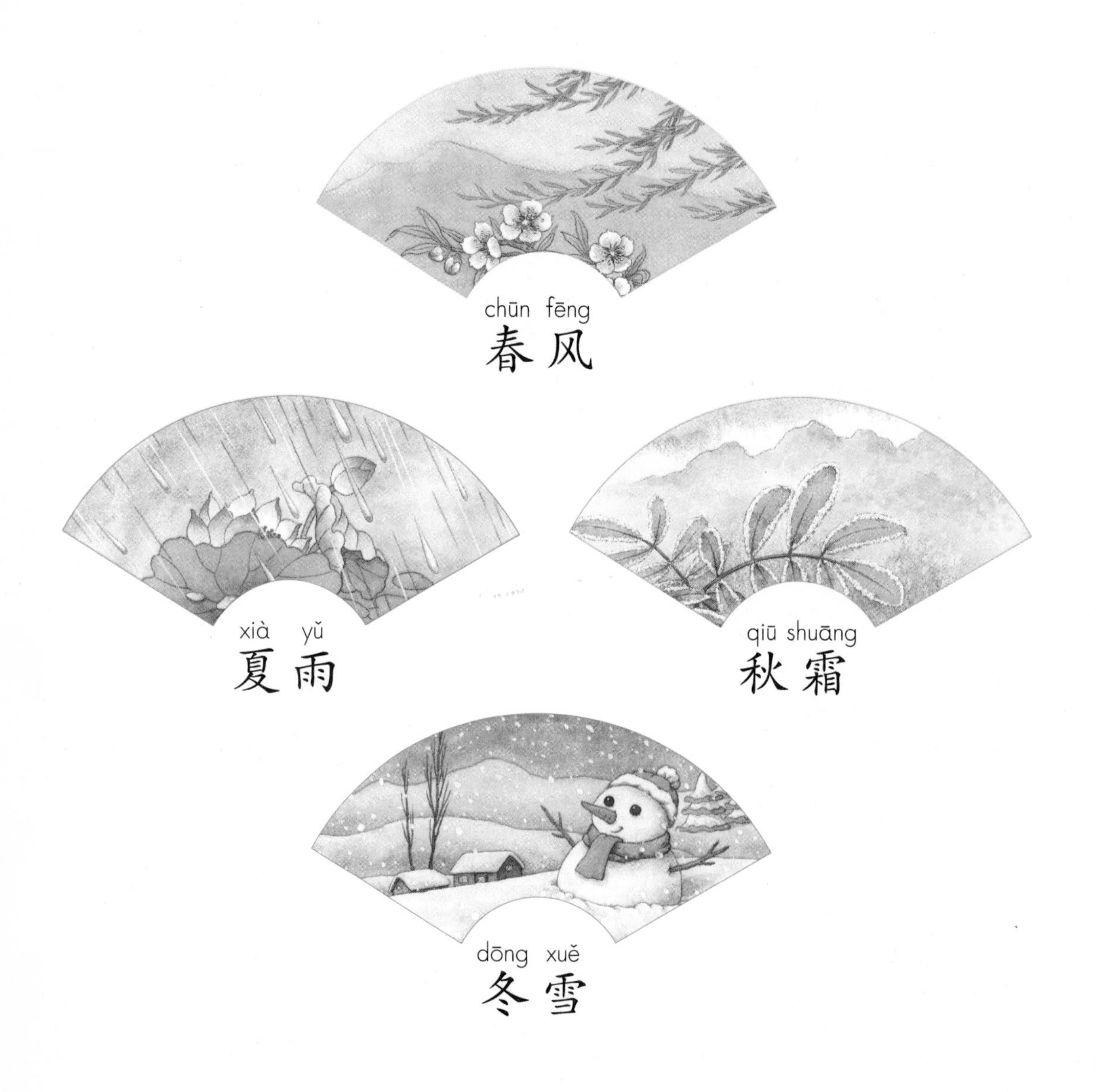

chūn fēng
春风

xià yǔ
夏雨

qiū shuāng
秋霜

dōng xuě
冬雪

chūn fēng chuī　xià yǔ luò　qiū shuāng jiàng　dōng xuě piāo

春风吹　夏雨落　秋霜降　冬雪飘

本文选自《最新初等小学国文教科书第一册》，编纂者庄俞等，选作课文时有改动。

qīng cǎo　hóng huā　yóu yú　fēi niǎo

青草　红花　游鱼　飞鸟

chí cǎo qīng　shān huā hóng　yú chū shuǐ　niǎo rù lín

池草青　山花红　鱼出水　鸟入林

⻗　阝

shuāng chuī luò jiàng piāo yóu chí rù

霜 吹 落 降 飘 游 池 入

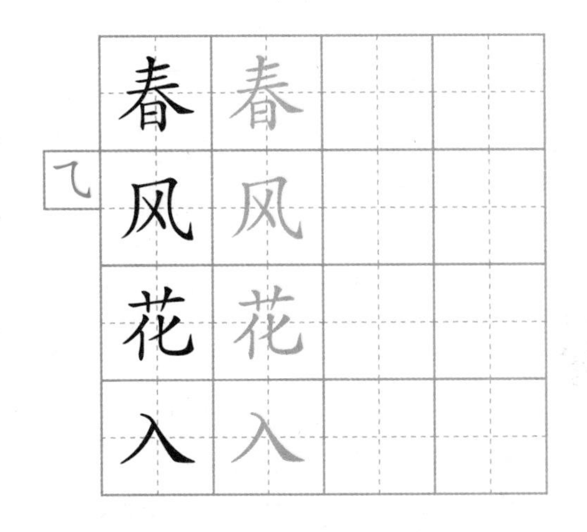

冬 冬

雪 雪

飞 飞

朗读课文。背诵课文。

② 姓氏歌

xìng shì gē

nǐ xìng shén me wǒ xìng lǐ
你姓什么？我姓李。

shén me lǐ mù zǐ lǐ
什么李？木子李。

tā xìng shén me tā xìng zhāng
他姓什么？他姓张。

shén me zhāng gōng cháng zhāng
什么张？弓长张。

gǔ yuè hú kǒu tiān wú
古月胡，口天吴，

shuāng rén xú yán wǔ xǔ
双人徐，言午许。

zhōng guó xìng shì yǒu hěn duō
中国姓氏有很多，

zhào qián sūn lǐ
赵、钱、孙、李，

zhōu wú zhèng wáng
周、吴、郑、王，

zhū gě dōng fāng
诸葛、东方，

shàng guān ōu yáng
上官、欧阳……

本文由人民教育出版社小学语文室编写。

弓 走 钅

xìng	shì	lǐ	zhāng	gǔ	wú	zhào	qián	sūn	zhōu	wáng	guān
姓	氏	李	张	古	吴	赵	钱	孙	周	王	官

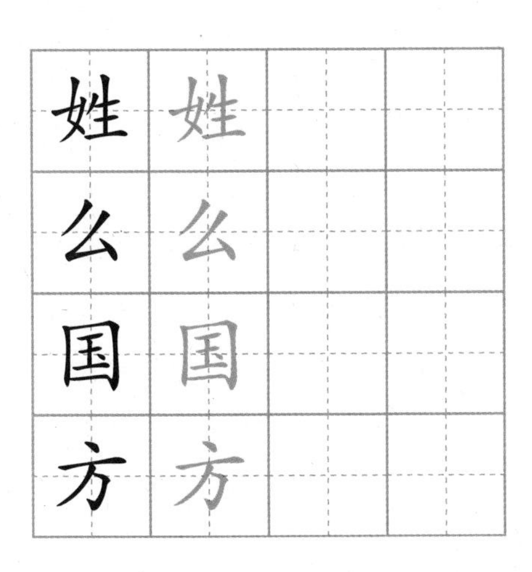

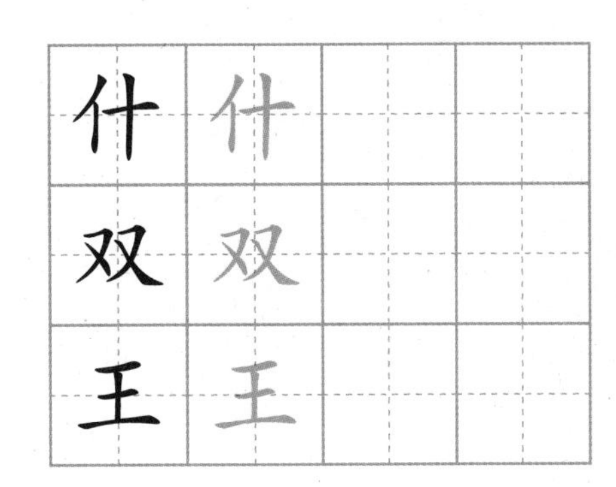

朗读课文。背诵课文。

照样子做问答游戏。

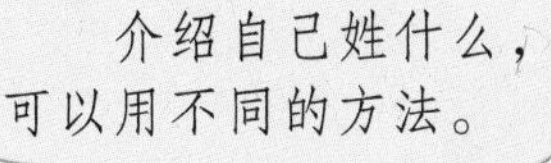

- 你姓什么？
- 我姓张。
- 什么张？
- 弓(gōng)长张。

- 你姓什么？
- 我姓方。
- 什么方？
- 方向的方。

选做：说一说班里的同学都有哪些姓。

③ 小青蛙

xiǎo qīng wā

hé shuǐ qīng qīng tiān qì qíng
河水清清天气晴，

xiǎo xiǎo qīng wā dà yǎn jing
小小青蛙大眼睛。

bǎo hù hé miáo chī hài chóng
保护禾苗吃害虫，

zuò le bù shǎo hǎo shì qing
做了不少好事情。

qǐng nǐ ài hù xiǎo qīng wā
请你爱护小青蛙，

hǎo ràng hé miáo bù shēng bìng
好让禾苗不生病。

本文选自《字族文识字读本（第一册）》，选作课文时有改动。

qīng	qíng	yǎn	jīng	bǎo	hù	hài	shì	qíng	qǐng	ràng	bìng
清	晴	眼	睛	保	护	害	事	情	请	让	病

清 清
晴 晴
请 请

朗读课文。

想一想，填一填。

④ 猜字谜

(cāi zì mí)

（一）

zuǒ biān lǜ，yòu biān hóng，
左边绿，右边红，

zuǒ yòu xiāng yù qǐ liáng fēng。
左右相遇起凉风。

lǜ de xǐ huan jí shí yǔ，
绿的喜欢及时雨，

hóng de zuì pà shuǐ lái gōng。
红的最怕水来攻。

本文由人民教育出版社小学语文室编写。

（二）

yán lái hù xiāng zūn zhòng
“言”来互相尊重，

xīn zhì lìng rén gǎn dòng
“心”至令人感动，

rì chū wàn lǐ wú yún
“日”出万里无云，

shuǐ dào chún jìng tòu míng
“水”到纯净透明。

xiāng yù xǐ huān pà yán hù lìng dòng wàn chún jìng
相遇喜欢怕言互令动万纯净

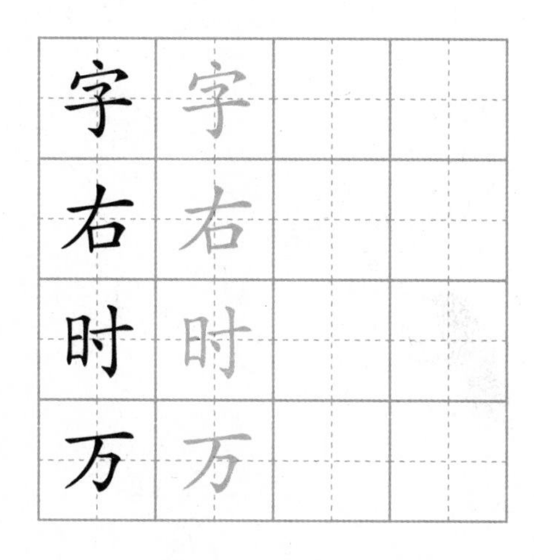

猜一猜。

我们也来猜字谜吧！

“一加一”，猜一个字。

口语交际

听故事，讲故事

tīng gù shi, jiǎng gù shi

一边看图，一边听老师讲《老鼠嫁女》的故事。然后自己讲讲这个故事。

yì biān kàn tú, yì biān tīng lǎo shī jiǎng 《lǎo shǔ jià nǚ》 de gù shi. rán hòu zì jǐ jiǎng jiang zhè ge gù shi.

◎ 听故事的时候，可以借助图画记住故事内容。

◎ 讲故事的时候，声音要大一些，让别人听清楚。

语文园地一

识字加油站

你还知道哪些和天气有关的词语呢？

yīn 阴	晴	wù 雾
léi diàn 雷电	zhèn 阵雨	bào 暴雨
bīng báo 冰雹	dòng 霜冻	jiā 雨夹雪

yīn	léi	diàn	zhèn	bīng	dòng	jiā
阴	雷	电	阵	冰	冻	夹

字词句运用

读一读，记一记。

A a	B b	C c	D d	E e	F f	G g
H h	I i	J j	K k	L l	M m	N n
O o	P p	Q q		R r	S s	T t
U u	V v	W w		X x	Y y	Z z

读一读，写一写。

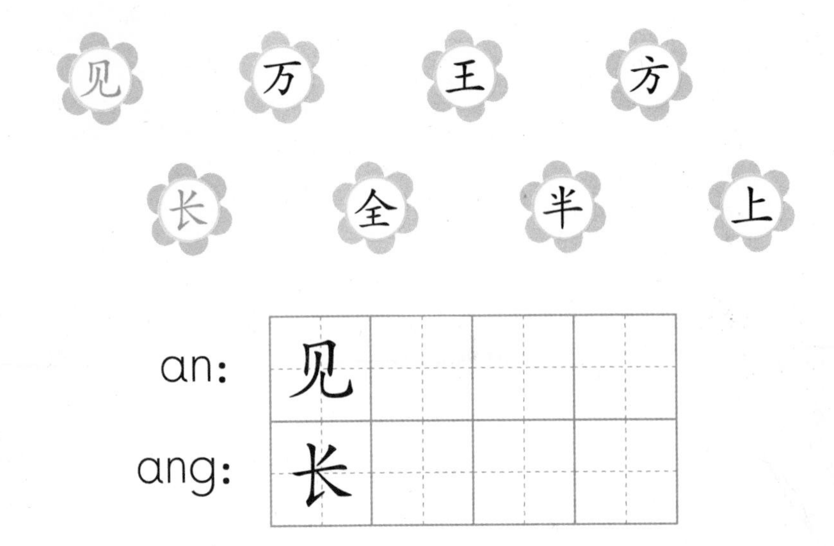

读一读。

zǔ guó duō me guǎng dà
祖国多么广大

dà xīng ān lǐng
大兴安岭，

xuě huā hái zài fēi wǔ
雪花还在飞舞。

cháng jiāng liǎng àn
长江两岸，

liǔ zhī yǐ jīng fā yá
柳枝已经发芽。

hǎi nán dǎo shàng
海南岛上，

dào chù shèng kāi zhe xiān huā
到处盛开着鲜花。

wǒ men de zǔ guó duō me guǎng dà
我们的祖国多么广大。

本文由人民教育出版社小学语文室编写。

书写提示

笔顺规则：先外后内再封口。

日积月累

chūn huí dà dì　wàn wù fù sū
春回大地　万物复苏

liǔ lǜ huā hóng　yīng gē yàn wǔ
柳绿花红　莺歌燕舞

bīng xuě róng huà　quán shuǐ dīng dōng
冰雪融化　泉水叮咚

bǎi huā qí fàng　bǎi niǎo zhēng míng
百花齐放　百鸟争鸣

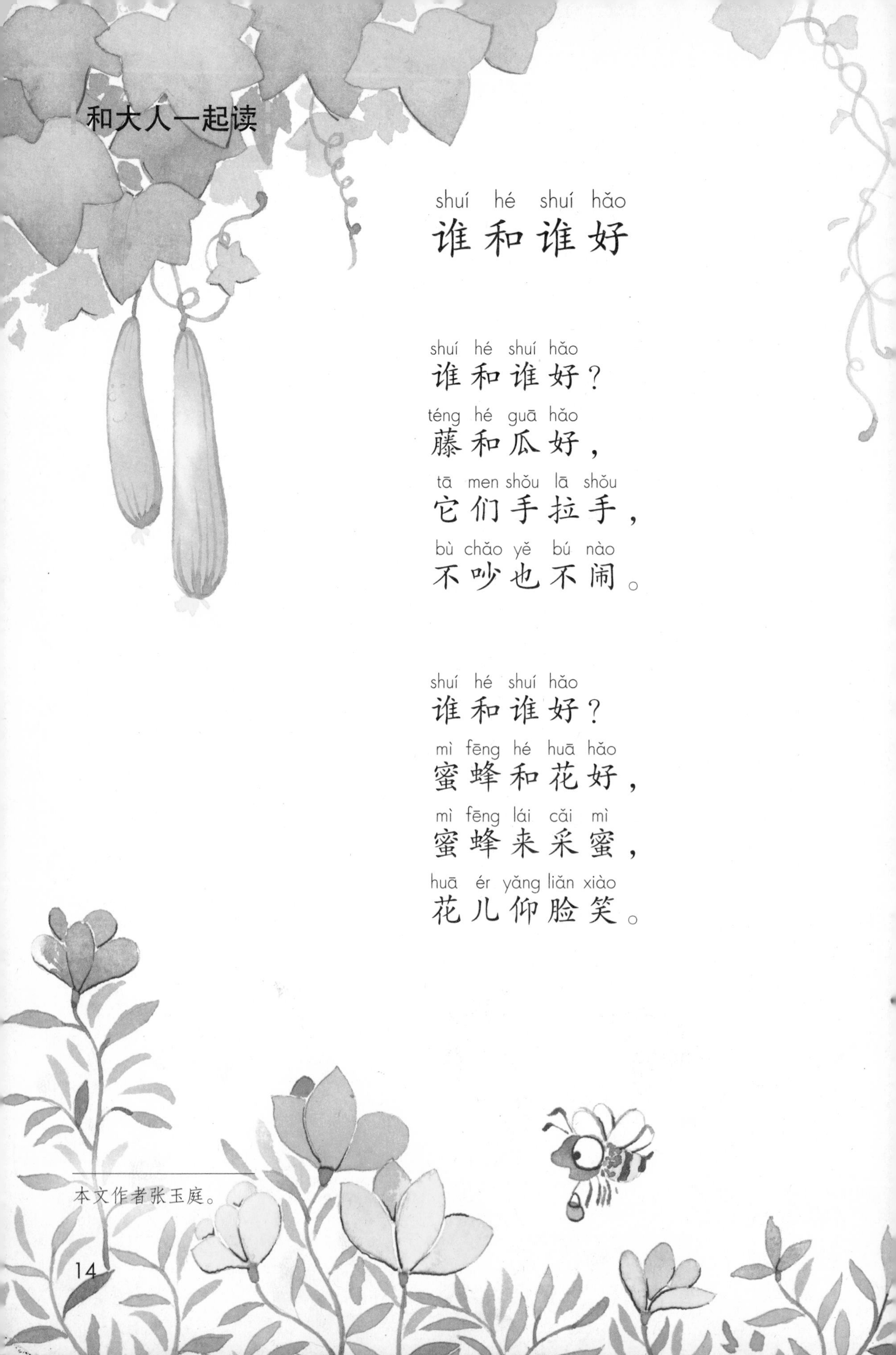

和大人一起读

shuí hé shuí hǎo
谁和谁好

shuí hé shuí hǎo
谁和谁好？
téng hé guā hǎo
藤和瓜好，
tā men shǒu lā shǒu
它们手拉手，
bù chǎo yě bú nào
不吵也不闹。

shuí hé shuí hǎo
谁和谁好？
mì fēng hé huā hǎo
蜜蜂和花好，
mì fēng lái cǎi mì
蜜蜂来采蜜，
huā ér yǎng liǎn xiào
花儿仰脸笑。

本文作者张玉庭。

shuí hé shuí hǎo
谁和谁好？

bái yún hé fēng hǎo
白云和风好，

fēng wǎng nǎ lǐ guā
风往哪里刮，

yún wǎng nǎ lǐ pǎo
云往哪里跑。

shuí hé shuí hǎo
谁和谁好？

wǒ hé tóng xué hǎo
我和同学好，

dà jiā chàng zhe gē
大家唱着歌，

yì qǐ shàng xué xiào
一起上学校。

快乐读书吧

dú du tóng yáo hé ér gē

读读童谣和儿歌

我有一本书，里面有童谣和儿歌……

yáo yao chuán

摇摇船

yáo yáo yáo
摇摇摇，
yì yáo yáo dào wài pó qiáo
一摇摇到外婆桥，
wài pó jiào wǒ hǎo bǎo bao
外婆叫我好宝宝。
táng yì bāo guǒ yì bāo
糖一包，果一包，
hái yǒu bǐng ér hái yǒu gāo
还有饼儿还有糕。

xiǎo cì wei lǐ fà

小刺猬理发

lǔ bīng
鲁兵

xiǎo cì wei qù lǐ fà
小刺猬，去理发，
chā chā chā chā chā chā
嚓嚓嚓，嚓嚓嚓，
lǐ wán tóu fa qiáo qiao tā
理完头发瞧瞧他，
bú shì xiǎo cì wei
不是小刺猬，
shì gè xiǎo wá wa
是个小娃娃。

我来背一首童谣，“小老鼠，上灯台，偷油吃，下不来。喵喵喵，猫来了，看你下来不下来。”

我喜欢你的书，我们可以换书看吗？

① 吃水不忘挖井人

chī shuǐ bú wàng wā jǐng rén

ruì jīn chéng wài yǒu gè cūn zi jiào shā zhōu bà, máo zhǔ xí zài jiāng xī lǐng dǎo gé mìng de shí hou, zài nàr zhù guo.

瑞金城外有个村子叫沙洲坝，毛主席在江西领导革命的时候，在那儿住过。

cūn zi lǐ méi yǒu shuǐ jǐng, xiāng qīn men chī shuǐ yào dào hěn yuǎn de dì fang qù tiāo. máo zhǔ xí jiù dài lǐng zhàn shì hé xiāng qīn men wā le yì kǒu jǐng.

村子里没有水井，乡亲们吃水要到很远的地方去挑。毛主席就带领战士和乡亲们挖了一口井。

jiě fàng yǐ hòu, xiāng qīn men zài jǐng páng biān lì le yí kuài shí bēi, shàng miàn kè zhe: "chī shuǐ bú wàng wā jǐng rén, shí kè xiǎng niàn máo zhǔ xí."

解放以后，乡亲们在井旁边立了一块石碑，上面刻着："吃水不忘挖井人，时刻想念毛主席。"

本文根据《我们伟大的祖国》改写，原文刊载于1951年10月12日《人民日报》。

心　　广

chī	wàng	jǐng	cūn	jiào	máo	zhǔ	xí	xiāng	qīn	zhàn	shì	miàn
吃	忘	井	村	叫	毛	主	席	乡	亲	战	士	面

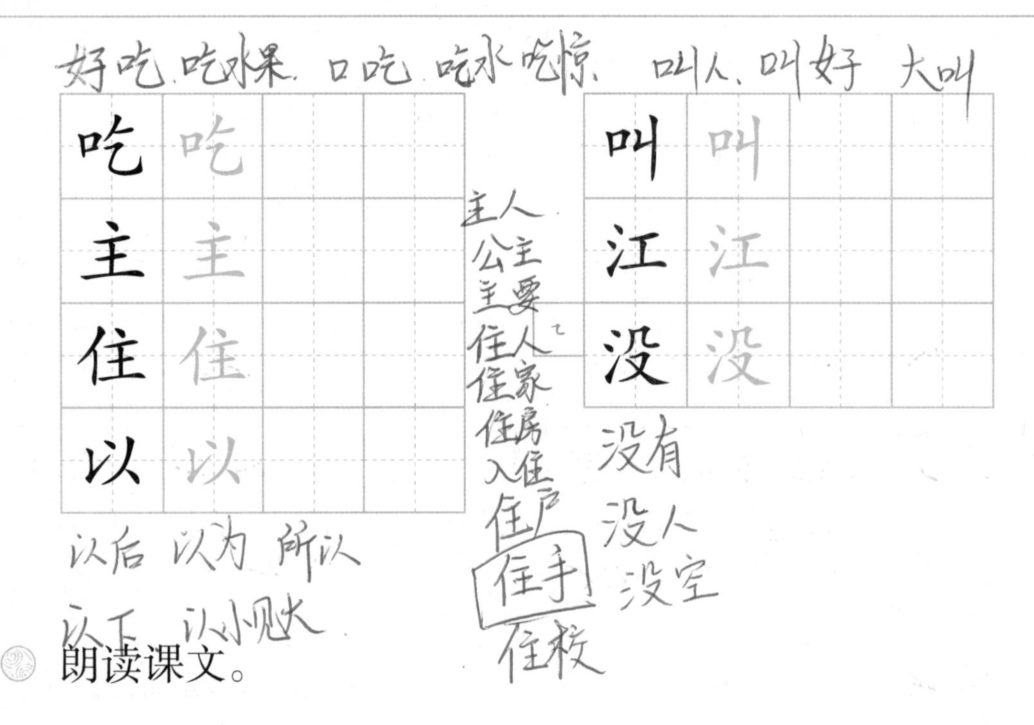

朗读课文。

读一读，记一记。

水井	井口	叫声	叫好
乡亲	亲人	主席	主人
上面	面前	战士	战友

wǒ duō xiǎng qù kàn kan
② 我多想去看看

mā ma gào su wǒ, yán zhe wān wān de xiǎo lù, jiù huì zǒu
妈妈告诉我，沿着弯弯的小路，就会走
chū tiān shān。 yáo yuǎn de běi jīng chéng, yǒu yí zuò xióng wěi de tiān ān
出天山。遥远的北京城，有一座雄伟的天安
mén, guǎng chǎng shàng de shēng qí yí shì fēi cháng zhuàng guān。 wǒ duì
门，广场上的升旗仪式非常壮观。我对
mā ma shuō, wǒ duō xiǎng qù kàn kan, wǒ duō xiǎng qù kàn kan!
妈妈说，我多想去看看，我多想去看看！

bà ba gào su wǒ, yán zhe kuān kuān de gōng lù, jiù huì zǒu
爸爸告诉我，沿着宽宽的公路，就会走
chū běi jīng。 yáo yuǎn de xīn jiāng, yǒu měi lì de tiān shān, xuě shān
出北京。遥远的新疆，有美丽的天山，雪山
shàng shèng kāi zhe jié bái de xuě lián。 wǒ duì bà ba shuō, wǒ duō
上盛开着洁白的雪莲。我对爸爸说，我多
xiǎng qù kàn kan, wǒ duō xiǎng qù kàn kan!
想去看看，我多想去看看！

本文作者王宝柱，选作课文时有改动。

⻊

xiǎng	gào	sù	lù	jīng	ān	mén	guǎng	fēi	cháng	zhuàng	guān
想	告	诉	路	京	安	门	广	非	常	壮	观

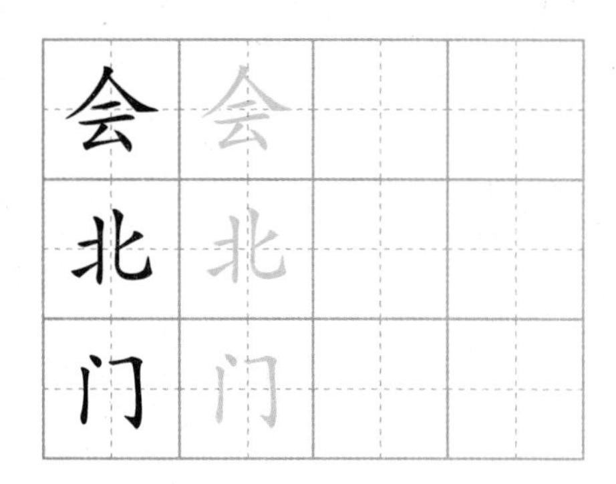

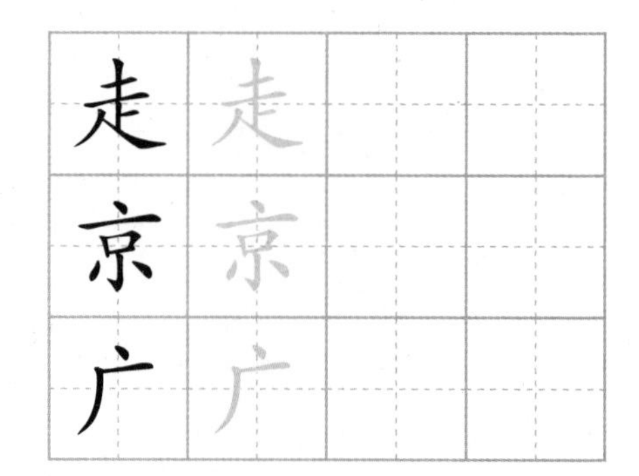

朗读课文，注意读好带感叹号的句子。

读一读，记一记。

弯弯的小路　　宽(kuān)宽的公路

美丽的天山　　洁(jié)白的雪莲

雄(xióng)伟(wěi)的天安门　　壮观的升旗仪(yí)式(shì)

以“我多想……”开头，写下自己的愿望，再和同学交流。

③ 一个接一个

yí gè jiē yí gè

yuè yè zhèng wán zhe cǎi yǐng zi
月夜，正玩着踩影子，

jiù tīng dà ren jiào zhe kuài huí jiā shuì jiào
就听大人叫着："快回家睡觉！"

ài wǒ hǎo xiǎng zài duō wán yí huìr a
唉，我好想再多玩一会儿啊。

bú guò huí jiā shuì zháo le
不过，回家睡着了，

dào kě yǐ zuò gè zhǒng gè yàng de mèng ne
倒可以做各种各样的梦呢！

本文作者是日本的金子美铃，译者吴菲，选作课文时有改动。

zhèng zuò zhe hǎo mèng
正做着好梦，

yòu tīng jiàn dà ren zài jiào gāi qǐ chuáng shàng xué la
又听见大人在叫："该起床上学啦！"

ài yào shi bú shàng xué jiù hǎo le
唉，要是不上学就好了。

bú guò qù le xué xiào
不过，去了学校，

jiù néng jiàn dào xiǎo huǒ bàn duō me kāi xīn na
就能见到小伙伴，多么开心哪！

zhèng hé xiǎo huǒ bàn men wán zhe tiào fáng zi
正和小伙伴们玩着跳房子，

cāo chǎng shàng què xiǎng qǐ le shàng kè líng shēng
操场上却响起了上课铃声。

ài yào shi méi yǒu shàng kè líng jiù hǎo le
唉，要是没有上课铃就好了。

bú guò tīng lǎo shī jiǎng gù shi
不过，听老师讲故事，

yě shì hěn kuài lè hěn yǒu qù de ya
也是很快乐很有趣的呀！

bié de hái zi yě shì zhè yàng ma
别的孩子也是这样吗？

yě xiàng wǒ yí yàng zhè me xiǎng ma
也像我一样，这么想吗？

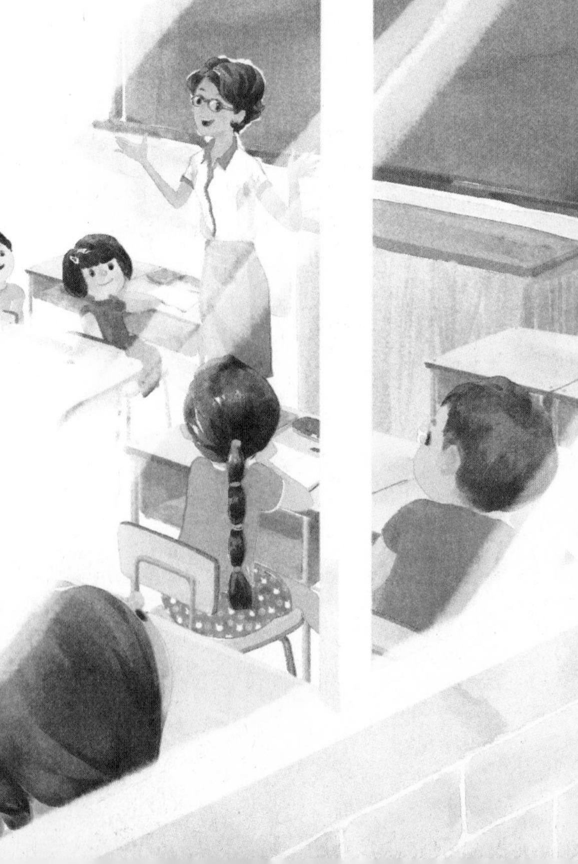

jiē	jiào	zài	zuò	gè	zhǒng	yàng	mèng	huǒ	bàn	què	qù	zhè
接	觉	再	做	各	种	样	梦	伙	伴	却	趣	这

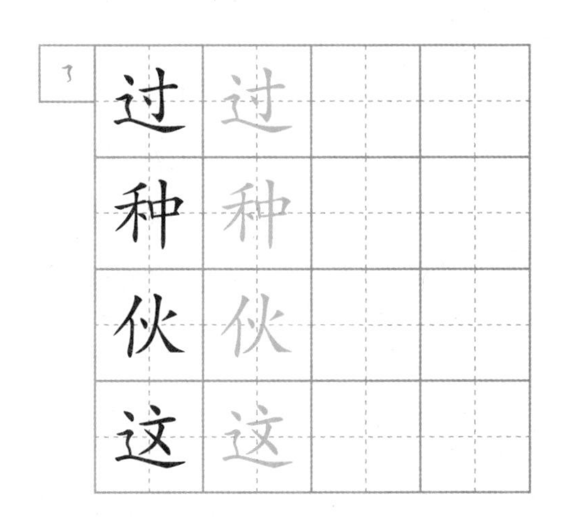

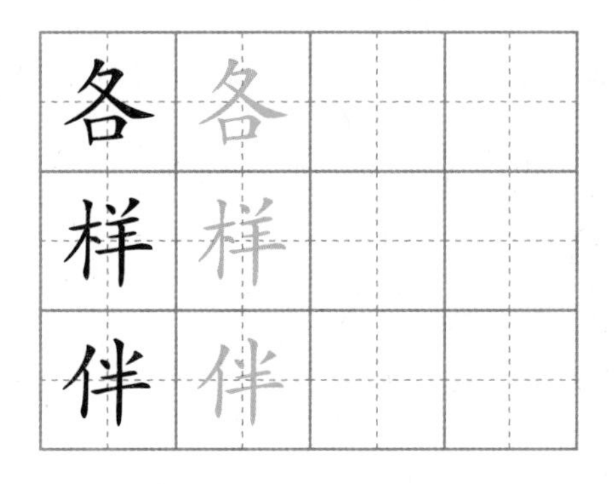

朗读课文。想想你有没有和“我”相似的经历，和同学说一说。

读一读，记一记。

接着　　接力　　　一再　　再见

做梦　　做伴　　　有趣　　趣事

这样　　这里　　　各自　　各种各样

sì gè tài yáng

4 四个太阳

wǒ huà le gè lǜ lǜ de tài yáng guà zài xià tiān de tiān kōng
我画了个绿绿的太阳，挂在夏天的天空。
gāo shān tián yě jiē dào xiào yuán dào chù yí piàn qīng liáng
高山、田野、街道、校园，到处一片清凉。

wǒ huà le gè jīn huáng de tài yáng sòng gěi qiū tiān guǒ yuán
我画了个金黄的太阳，送给秋天。果园
lǐ guǒ zi shú le jīn huáng de luò yè máng zhe yāo qǐng xiǎo huǒ
里，果子熟了。金黄的落叶忙着邀请小伙
bàn qǐng tā men cháng chang shuǐ guǒ de xiāng tián
伴，请他们尝尝水果的香甜。

wǒ huà le gè hóng hóng de tài yáng sòng gěi dōng tiān yáng
我画了个红红的太阳，送给冬天。阳
guāng wēn nuǎn zhe xiǎo péng you dòng jiāng de shǒu hé liǎn
光温暖着小朋友冻僵的手和脸。

本文作者夏辇生，选作课文时有改动。

chūn tiān chūn tiān de tài yáng gāi huà shén me yán sè ne
春天，春天的太阳该画什么颜色呢？

ò huà gè cǎi sè de yīn wèi chūn tiān shì gè duō cǎi de jì jié
哦，画个彩色的。因为春天是个多彩的季节。

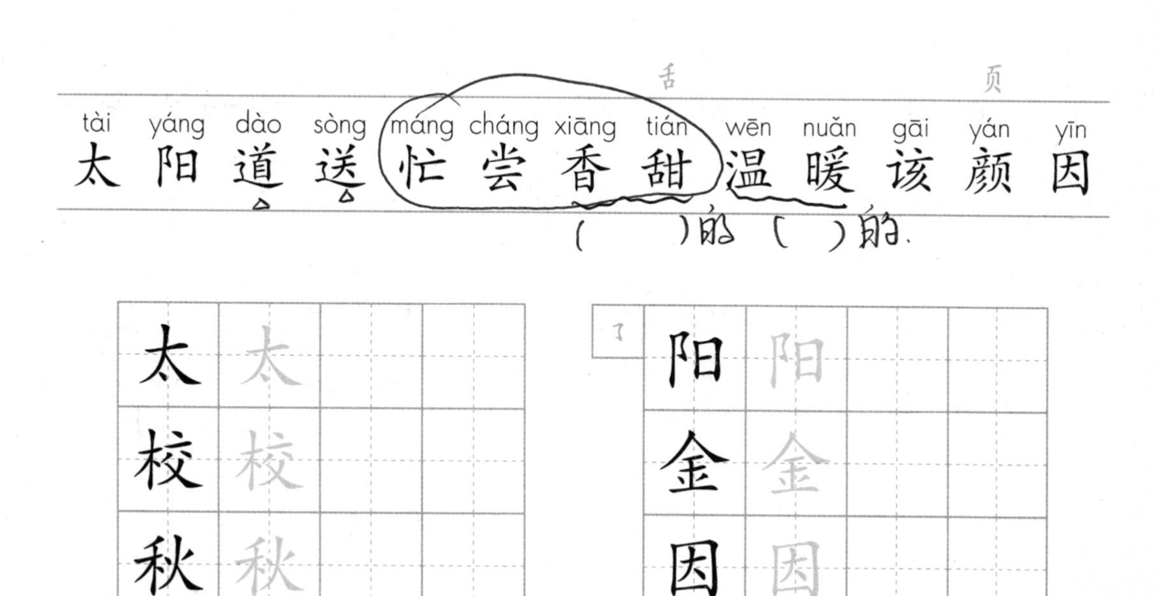

朗读课文。说说你会为每个季节画什么颜色的太阳，试着画一画，并说明理由。

读一读，记一记。

高山	果园(yuán)	田野(yě)
碧(bì)绿	金黄	火红
清凉(liáng)	香甜	温暖

语文园地二

识字加油站

一辆(liàng)车	一匹(pǐ)马
一册(cè)书	一支(zhī)铅(qiān)笔
一棵(kē)树	一架(jià)飞机(jī)

辆(liàng) 匹(pǐ) 册(cè) 支(zhī) 铅(qiān) 棵(kē) 架(jià)

字词句运用

找一找，连一连。

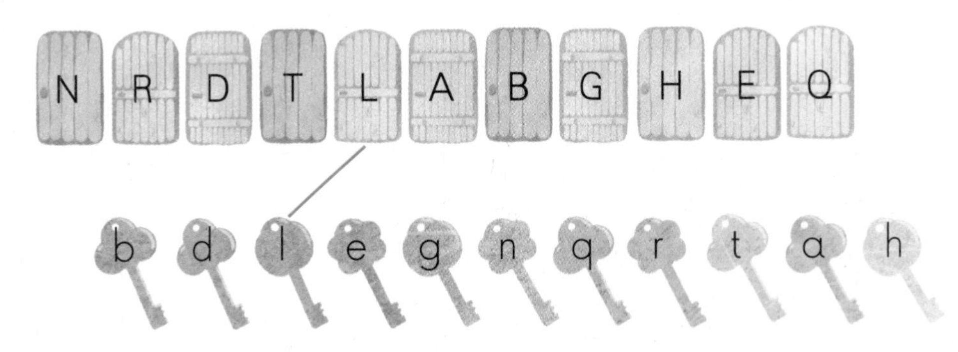

读一读，想一想。

展示台

jiǎn fǎ 减法	jì suàn 计算
suàn shì 算式	pái liè 排列
pǐn dé 品德	jiā tíng 家庭
zī shì 姿势	zūn zhòng 尊重
jīng lì 经历	yù fáng 预防

日积月累

chūn xiǎo
春晓

táng mèng hào rán
[唐] 孟浩然

chūn mián bù jué xiǎo
春眠不觉晓，

chù chù wén tí niǎo
处处闻啼鸟。

yè lái fēng yǔ shēng
夜来风雨声，

huā luò zhī duō shǎo
花落知多少。

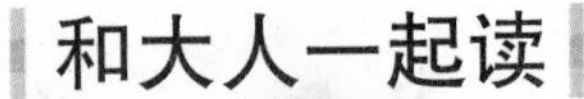

yáng guāng

阳光

yáng guāng xiàng jīn zi, sǎ biàn tián yě、gāo shān hé xiǎo hé。
阳光像金子，洒遍田野、高山和小河。

tián lǐ de hé miáo, yīn wèi yǒu le yáng guāng, gèng lǜ le。shān shàng de xiǎo shù, yīn wèi yǒu le yáng guāng, gèng gāo le。
田里的禾苗，因为有了阳光，更绿了。山上的小树，因为有了阳光，更高了。

hé miàn shǎn zhe yáng guāng, xiǎo hé jiù xiàng cháng cháng de jǐn duàn le。
河面闪着阳光，小河就像长长的锦缎了。

zǎo chen, wǒ lā kāi chuāng lián, yáng guāng jiù tiào jìn le wǒ de jiā。
早晨，我拉开窗帘，阳光就跳进了我的家。

shuí yě zhuō bú zhù yáng guāng, yáng guāng shì dà jiā de。
谁也捉不住阳光，阳光是大家的。

yáng guāng xiàng jīn zi, yáng guāng bǐ jīn zi gèng bǎo guì。
阳光像金子，阳光比金子更宝贵。

本文作者金波，选作课文时有改动。

⑤ 小公鸡和小鸭子

xiǎo gōng jī hé xiǎo yā zi

xiǎo gōng jī hé xiǎo yā zi yí kuàir chū
小公鸡和小鸭子一块儿出

qù wán
去玩。

tā men zǒu jìn cǎo dì lǐ xiǎo gōng jī
他们走进草地里。小公鸡

zhǎo dào le xǔ duō chóng zi chī de hěn huān
找到了许多虫子，吃得很欢。

xiǎo yā zi zhuō bú dào chóng zi jí de zhí
小鸭子捉不到虫子，急得直

kū xiǎo gōng jī kàn jiàn le zhuō dào chóng zi
哭。小公鸡看见了，捉到虫子

jiù gěi xiǎo yā zi chī
就给小鸭子吃。

本文选自人民教育出版社《全日制十年制学校小学课本（试用本）语文第一册》。

tā men zǒu dào xiǎo hé biān xiǎo yā zi shuō gōng jī
他们走到小河边。小鸭子说："公鸡

dì di wǒ dào hé lǐ zhuō yú gěi nǐ chī xiǎo gōng jī shuō
弟弟，我到河里捉鱼给你吃。"小公鸡说：

wǒ yě qù xiǎo yā zi shuō bù xíng bù xíng nǐ bú
"我也去。"小鸭子说："不行，不行，你不

huì yóu yǒng huì yān sǐ de xiǎo gōng jī bú xìn tōu tōu de
会游泳，会淹死的！"小公鸡不信，偷偷地

gēn zài xiǎo yā zi hòu miàn yě xià le shuǐ
跟在小鸭子后面，也下了水。

xiǎo yā zi zhèng zài shuǐ lǐ zhuō yú hū rán tīng jiàn xiǎo gōng
小鸭子正在水里捉鱼，忽然，听见小公

jī hǎn jiù mìng tā fēi kuài de yóu dào xiǎo gōng jī shēn biān ràng xiǎo
鸡喊救命。他飞快地游到小公鸡身边，让小

gōng jī zuò zài zì jǐ de bèi shàng xiǎo gōng jī shàng le àn xiào
公鸡坐在自己的背上。小公鸡上了岸，笑

zhe duì xiǎo yā zi shuō yā zi gē ge xiè xie nǐ
着对小鸭子说："鸭子哥哥，谢谢你。"

kuài	zhuō	jí	zhí	hé	xíng	sǐ	xìn	gēn	hū	hǎn	shēn
块	捉	急	直	河	行	死	信	跟	忽	喊	身

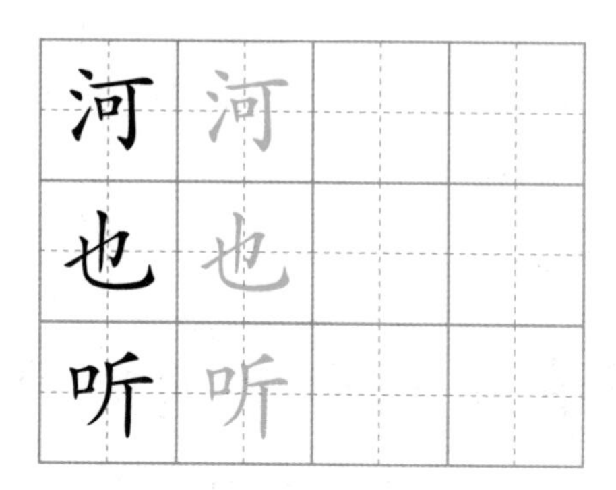

朗读课文，读好小公鸡和小鸭子的对话。

读一读，比一比。

小公鸡跟在小鸭子后面，也下了水。

小公鸡偷(tōu)偷地跟在小鸭子后面，也下了水。

小鸭子游到小公鸡身边。

小鸭子飞快地游到小公鸡身边。

shù hé xǐ què

⑥ 树和喜鹊

cóng qián，zhè lǐ zhǐ yǒu yì kē shù，shù shàng zhǐ yǒu yí gè niǎo wō，niǎo wō lǐ zhǐ yǒu yì zhī xǐ què。

从前，这里只有一棵树，树上只有一个鸟窝，鸟窝里只有一只喜鹊。

shù hěn gū dān，xǐ què yě hěn gū dān。

树很孤单，喜鹊也很孤单。

本文作者金波，选作课文时有改动。

hòu lái zhè lǐ
后来，这里

zhòng le hǎo duō hǎo duō shù
种了好多好多树，

měi kē shù shàng dōu yǒu niǎo
每棵树上都有鸟

wō měi gè niǎo wō lǐ
窝，每个鸟窝里

dōu yǒu xǐ què
都有喜鹊。

shù yǒu le lín jū xǐ què yě yǒu le lín jū
树有了邻居，喜鹊也有了邻居。

měi tiān tiān yí liàng xǐ què men jī ji zhā zhā jiào jǐ shēng
每天天一亮，喜鹊们叽叽喳喳叫几声，

dǎ zhe zhāo hu yì qǐ fēi chū qù le tiān yì hēi tā men yòu jī
打着招呼一起飞出去了。天一黑，他们又叽

ji zhā zhā de yì qǐ fēi huí wō lǐ ān ān jìng jìng de shuì jiào le
叽喳喳地一起飞回窝里，安安静静地睡觉了。

shù hěn kuài lè xǐ què yě hěn kuài lè
树很快乐，喜鹊也很快乐。

zhǐ 只 wō 窝 gū 孤 dān 单 zhòng 种 dōu 都 lín 邻 jū 居 zhāo 招 hū 呼 jìng 静 lè 乐

单	单		
招	招		
快	快		

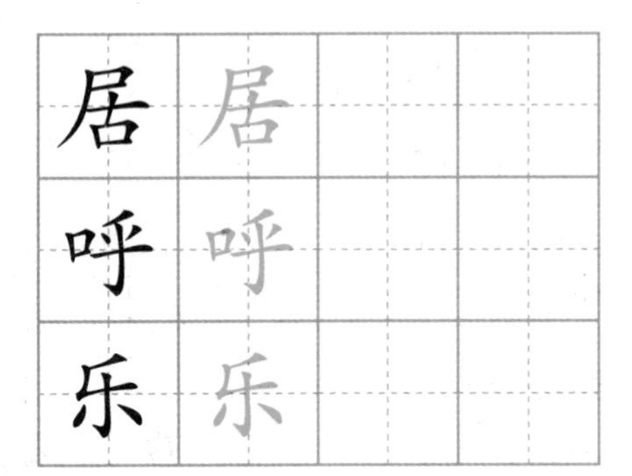

朗读课文。想一想树和喜鹊后来为什么很快乐。

读一读，记一记。

zěn me dōu kuài lè
⑦ 怎么都快乐

yí gè rén wán, hěn hǎo
一个人玩，很好！

dú zì yí gè, jìng qiāo qiāo de
独自一个，静悄悄的，

zhèng hǎo yòng zhǐ zhé chuán, zhé mǎ
正好用纸折船，折马……

tī jiàn zi, tiào shéng, dā jī mù
踢毽子，跳绳，搭积木，

dāng rán hái yǒu kàn shū, huà huà
当然还有看书，画画，

tīng yīn yuè
听音乐……

liǎng gè rén wán, hěn hǎo
两个人玩，很好！

jiǎng gù shi děi yǒu rén tīng cái xíng
讲故事得有人听才行，

nǐ jiǎng wǒ tīng, wǒ jiǎng nǐ tīng
你讲我听，我讲你听。

hái yǒu xià xiàng qí, dǎ yǔ máo qiú
还有下象棋，打羽毛球，

zuò qiāo qiāo bǎn
坐跷跷板……

本文作者任溶溶，选作课文时有改动。

sān gè rén wán hěn hǎo
三个人玩，很好！

jiǎng gù shi duō gè rén tīng gèng yǒu jìn
讲故事多个人听更有劲，

nǐ jiǎng wǒ men tīng wǒ jiǎng nǐ men tīng
你讲我们听，我讲你们听。

liǎng gè rén shuǎi shéng zi
两个人甩绳子，

nǐ tiào wǒ tiào lún liú tiào
你跳，我跳，轮流跳。

sì gè rén wán hěn hǎo
四个人玩，很好！

wǔ gè rén wán hěn hǎo
五个人玩，很好！

xǔ duō rén wán gèng hǎo
许多人玩，更好！

rén duō shén me yóu xì dōu néng wán
人多，什么游戏都能玩，

bá hé lǎo yīng zhuō xiǎo jī
拔河，老鹰捉小鸡，

dǎ pái qiú dǎ lán qiú tī zú qiú
打排球，打篮球，踢足球……

lián kāi yùn dòng huì yě kě yǐ
连开运动会也可以。

zěn	dú	tiào	shéng	jiǎng	děi	yǔ	qiú	xì	pái	lán	lián	yùn
怎	独	跳	绳	讲	得	羽	球	戏	排	篮	连	运

朗读课文。

读一读，说一说。

跳绳　　踢(tī)足球

讲故(gù)事　　听音乐

打排球　　玩游戏

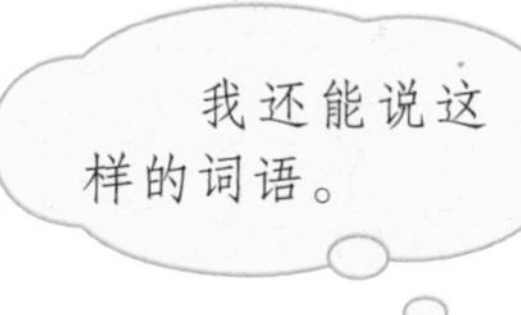

口语交际

qǐng nǐ bāng gè máng
请你帮个忙

yǒu shí hou wǒ men xū yào bié rén de bāng zhù
有时候我们需要别人的帮助。

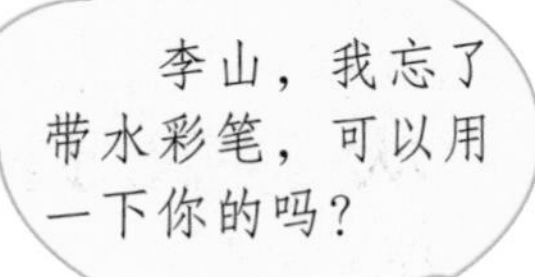

◎ 礼貌用语：请，请问，您，您好，谢谢，不客气。

语文园地三

查字典

我们在字典中怎么查到“厨”字呢？

cóng hàn yǔ pīn yīn yīn jié suǒ yǐn lǐ miàn zhǎo dào dà xiě zì mǔ

◇ 从“汉语拼音音节索引”里面找到大写字母“C”。

zhǎo dào zài zhèngwén dì yè

◇ 找到“chu”，在正文第××页。

fān dào zhèngwén dì yè zhǎo dào jiē xià lái jiù kě yǐ chá dào chú zì le

◇ 翻到正文第××页，找到“chu”，接下来就可以查到“厨”字了。

yīn xù chá zì fǎ kǒu jué

音序查字法口诀

yīn xù chá zì yào jì láo　xiān bǎ dà xiě zì mǔ zhǎo

音序查字要记牢，先把大写字母找。

zì mǔ xià miàn zhǎo yīn jié　kàn kan tā zài dì jǐ yè

字母下面找音节，看看它在第几页。

用音序查字法从字典里找到下面的字，并组词。

chí　shǒu　piāo　jī

池　首　漂　机

日积月累

zèng wāng lún

赠汪伦

táng　lǐ bái

［唐］李白

lǐ bái chéng zhōu jiāng yù xíng

李白乘舟将欲行，

hū wén àn shàng tà gē shēng

忽闻岸上踏歌声。

táo huā tán shuǐ shēn qiān chǐ

桃花潭水深千尺，

bù jí wāng lún sòng wǒ qíng

不及汪伦送我情。

和大人一起读

pàng hū hū de xiǎo shǒu

胖乎乎的小手

quán jiā rén dōu xǐ huan lán lan huà de zhè zhāng huà

全家人都喜欢兰兰画的这张画。

bà ba gāng xià bān huí lái ná qǐ huà kàn le yòu kàn

爸爸刚下班回来，拿起画，看了又看，

bǎ huà tiē zài le qiáng shàng lán lan bù míng bai wèn wǒ zhǐ

把画贴在了墙上。兰兰不明白，问：“我只

shì huà le zì jǐ de xiǎo shǒu wa wǒ yǒu nà me duō huà nín wèi

是画了自己的小手哇！我有那么多画，您为

shén me zhǐ tiē zhè yì zhāng ne

什么只贴这一张呢？”

本文作者望安，选作课文时有改动。

bà ba shuō zhè pàng hū hū de xiǎo
爸爸说：“这胖乎乎的小
shǒu tì wǒ ná guo tuō xié ya
手替我拿过拖鞋呀！”

mā ma xià bān huí lái kàn jiàn
妈妈下班回来，看见
huà xiào zhe shuō zhè pàng hū hū de xiǎo
画，笑着说：“这胖乎乎的小
shǒu gěi wǒ xǐ guo shǒu juàn na
手给我洗过手绢哪！”

lǎo lao cóng chú fáng chū lái yì yǎn
姥姥从厨房出来，一眼
jiù kàn jiàn le huà shàng hóng rùn rùn de xiǎo
就看见了画上红润润的小
shǒu shuō zhè pàng hū hū de xiǎo shǒu bāng
手，说：“这胖乎乎的小手帮
wǒ náo guo yǎng yang a
我挠过痒痒啊！”

lán lan míng bai le quán jiā rén wèi shén
兰兰明白了全家人为什
me dōu xǐ huan zhè zhāng huà tā gāo xìng de
么都喜欢这张画。她高兴地
shuō děng wǒ zhǎng dà le xiǎo shǒu biànchéng
说：“等我长大了，小手变成
le dà shǒu tā huì bāng nǐ men zuò gèng duō
了大手，它会帮你们做更多
de shì qing
的事情！”

8 静夜思
jìng yè sī

táng lǐ bái
［唐］李白

chuáng qián míng yuè guāng
床前明月光，

yí shì dì shàng shuāng
疑是地上霜。

jǔ tóu wàng míng yuè
举头望明月，

dī tóu sī gù xiāng
低头思故乡。

---

yè sī chuáng guāng yí jǔ wàng dī gù
夜 思 床 光 疑 举 望 低 故

思	思		
前	前		
低	低		
乡	乡		

床	床		
光	光		
故	故		

朗读课文。背诵课文。

yè sè

9 夜色

wǒ cóng qián dǎn zi hěn xiǎo hěn xiǎo

我从前胆子很小很小，

tiān yì hēi jiù bù gǎn wǎng wài qiáo

天一黑就不敢往外瞧。

mā ma bǎ yǒng gǎn de gù shi jiǎng le yòu jiǎng

妈妈把勇敢的故事讲了又讲，

kě wǒ yí kàn chuāng wài xīn jiù luàn tiào

可我一看窗外心就乱跳……

bà ba wǎn shang piān yào lā wǒ qù sàn bù

爸爸晚上偏要拉我去散步，

yuán lái huā cǎo dōu xiàng bái tiān yí yàng wēi xiào

原来花草都像白天一样微笑。

cóng cǐ zài hēi zài hēi de yè wǎn

从此再黑再黑的夜晚，

wǒ yě néng kàn jiàn xiǎo niǎo zěn yàng zài yuè guāng xià shuì jiào

我也能看见小鸟怎样在月光下睡觉……

本文作者柯岩。

dǎn	gǎn	wǎng	wài	yǒng	chuāng	luàn	piān	sàn	yuán	xiàng	wēi
胆	敢	往	外	勇	窗	乱	偏	散	原	像	微

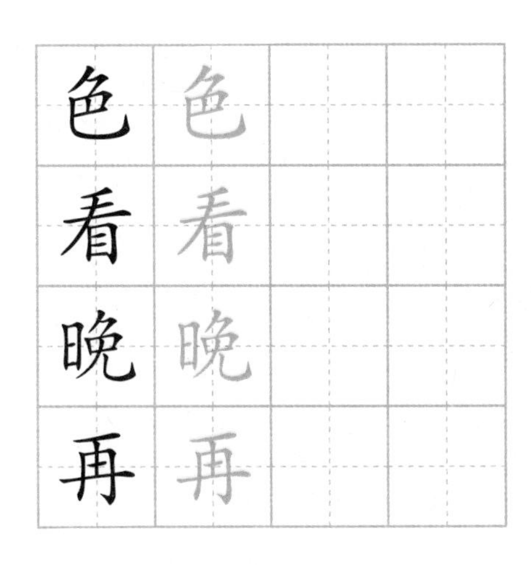

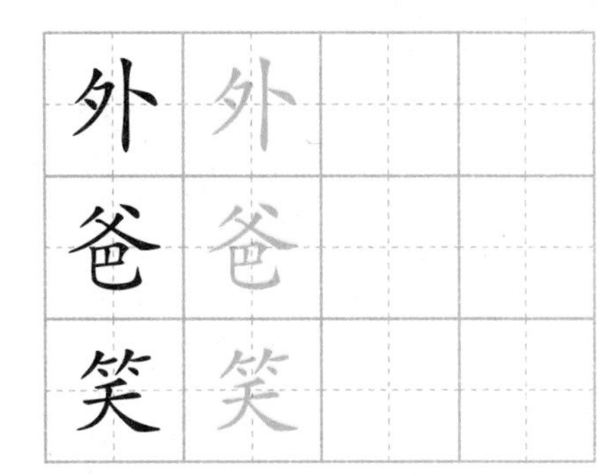

- 朗读课文。

- 读一读，记一记。

胆子　　胆量(liàng)　　大胆　　　勇敢　　勇气　　勇士

原来　　草原　　高原　　　微笑　　微小　　微风

⑩ 端午粽

duān wǔ zòng

yí dào duān wǔ jié, wài pó zǒng huì zhǔ hǎo yì guō zòng zi, pàn zhe wǒ men huí qù。

一到端午节，外婆总会煮好一锅粽子，盼着我们回去。

zòng zi shì yòng qīng qīng de ruò zhú yè bāo de, lǐ miàn guǒ zhe bái bái de nuò mǐ, zhōng jiān yǒu yì kē hóng hóng de zǎo。wài pó yì xiān kāi guō gài, zhǔ shú de zòng zi jiù piāo chū yì gǔ qīng xiāng lái。bāo kāi zòng yè, yǎo yì kǒu zòng zi, zhēn shì yòu nián yòu tián。

粽子是用青青的箬竹叶包的，里面裹着白白的糯米，中间有一颗红红的枣。外婆一掀开锅盖，煮熟的粽子就飘出一股清香来。剥开粽叶，咬一口粽子，真是又黏又甜。

wài pó bāo de zòng zi shí fēn hǎo chī, huā yàng yě duō。chú le hóng zǎo zòng, hái yǒu hóng dòu zòng hé xiān ròu zòng。wǒ men

外婆包的粽子十分好吃，花样也多。除了红枣粽，还有红豆粽和鲜肉粽。我们

本文作者屠再华，选作课文时有改动。

zài wài pó jiā měi zī zī de chī le zhī hòu wài pó hái huì zhuāng
在外婆家美滋滋地吃了之后，外婆还会装

yì xiǎo lán zòng zi yào wǒ men dài huí qù fēn gěi lín jū chī
一小篮粽子要我们带回去，分给邻居吃。

zhǎng dà le wǒ cái zhī dào rén men duān wǔ jié chī zòng
长大了我才知道，人们端午节吃粽

zi jù shuō shì wèi le jì niàn ài guó shī rén qū yuán
子，据说是为了纪念爱国诗人屈原。

立 米

duān zòng jié zǒng mǐ jiān fēn dòu ròu dài zhī jù niàn
端 粽 节 总 米 间 分 豆 肉 带 知 据 念

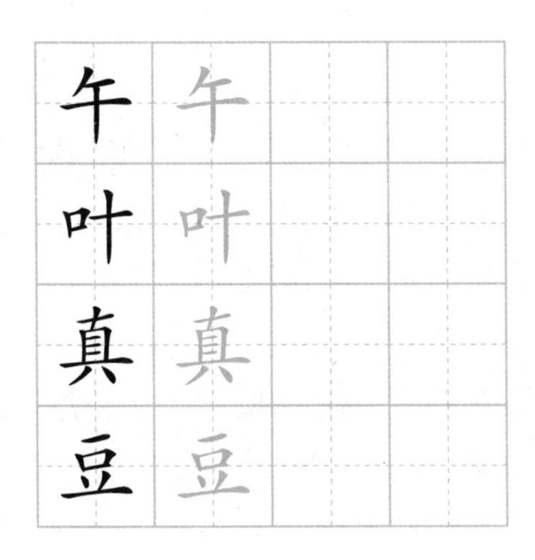

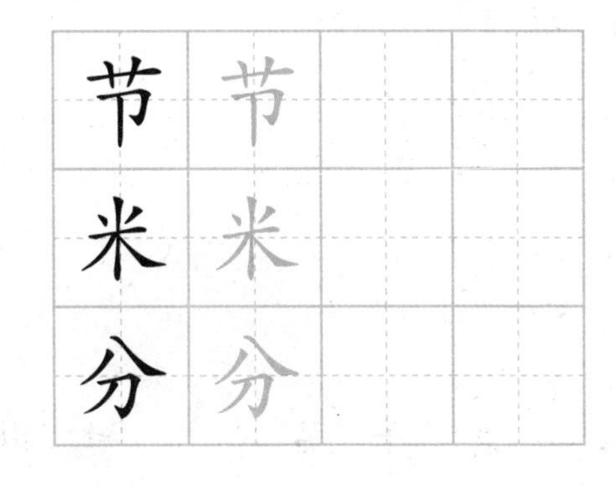

朗读课文，注意读好长句子。

你知道关于端午节或粽子的故事吗？和同学说一说。

⑪ 彩虹

cǎi hóng

yǔ tíng le tiān shàng yǒu yí zuò měi lì de qiáo
雨停了，天上有一座美丽的桥。

bà ba nǐ nà bǎ jiāo huā yòng de shuǐ hú ne rú guǒ wǒ tí zhe tā zǒu dào qiáo shàng bǎ shuǐ sǎ xià lái nà bú jiù shì wǒ zài xià yǔ ma nǐ jiù bú yòng tiāo shuǐ qù jiāo tián le nǐ gāo xìng ma
爸爸，你那把浇花用的水壶呢？如果我提着它，走到桥上，把水洒下来，那不就是我在下雨吗？你就不用挑水去浇田了，你高兴吗？

本文作者韦其麟，选作课文时有改动。

mā ma nǐ shū tóu yòng de nà miàn jìng zi ne rú guǒ
妈妈，你梳头用的那面镜子呢？如果
wǒ ná zhe tā zǒu dào qiáo shàng tiān shàng bú jiù duō le yí gè
我拿着它，走到桥上，天上不就多了一个
yuè liang ma wǒ ná zhe yuán yuán de yuè liang zhào zhe nǐ shū tóu
月亮吗？我拿着圆圆的月亮照着你梳头，
nǐ gāo xìng ma
你高兴吗？

gē ge nǐ jì zài mén qián shù shàng de qiū qiān ne rú
哥哥，你系在门前树上的秋千呢？如
guǒ wǒ bǎ tā guà zài cǎi hóng qiáo shàng zuò zhe qiū qiān dàng lái dàng
果我把它挂在彩虹桥上，坐着秋千荡来荡
qù huā qún zi piāo a piāo de bú jiù chéng le yì duǒ cǎi yún
去，花裙子飘啊飘的，不就成了一朵彩云
ma nǐ kàn jiàn le gāo xìng ma
吗？你看见了，高兴吗？

hóng	zuò	jiāo	tí	sǎ	tiāo	xìng	jìng	ná	zhào	qiān	qún
虹	座	浇	提	洒	挑	兴	镜	拿	照	千	裙

衤

那	那		
到	到		
兴	兴		
成	成		

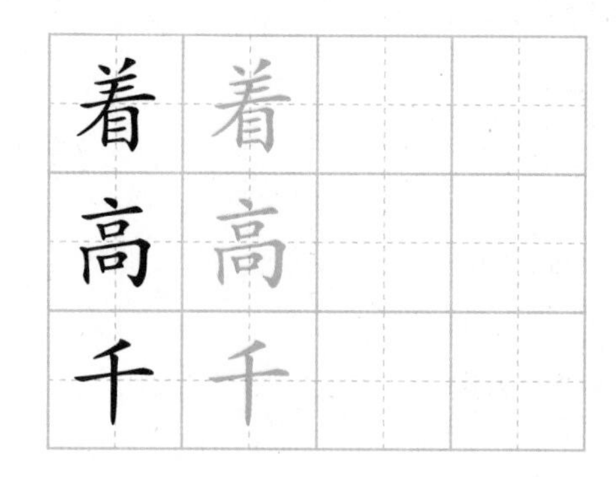

朗读课文，注意读好长句子。

读一读，说一说。

dàng
荡来荡去　　飘来飘去

pǎo
游来游去　　跑来跑去

语文园地四

识字加油站

méi 眉毛	bí 鼻子
zuǐ 嘴巴	bó 脖子
bì 手臂	dù 肚子
tuǐ 小腿	jiǎo 脚尖

méi	bí	zuǐ	bó	bì	dù	tuǐ	jiǎo
眉	鼻	嘴	脖	臂	肚	腿	脚

字词句运用

读一读。

书写提示

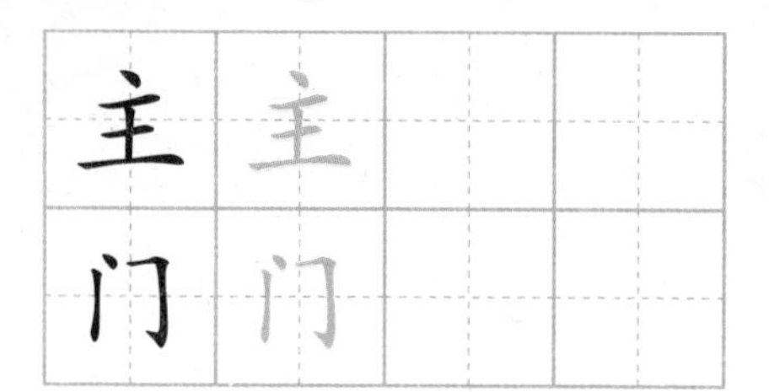

书	书		
我	我		

笔顺规则：点在正上方或左上方，先写点。

笔顺规则：点在右上方，后写点。

日积月累

xún yǐn zhě bú yù
寻隐者不遇

táng jiǎ dǎo
[唐] 贾岛

sōng xià wèn tóng zǐ
松下问童子，
yán shī cǎi yào qù
言师采药去。
zhǐ zài cǐ shān zhōng
只在此山中，
yún shēn bù zhī chù
云深不知处。

和大人一起读

niū niu gǎn niú

妞妞赶牛

niū niu gǎn niú hé biān zǒu

妞妞赶牛河边走，

niú niu yào chī hé biān liǔ

牛牛要吃河边柳，

niū niu hù liǔ niǔ niú zǒu

妞妞护柳扭牛走，

niú niu niǔ tóu dǐng niū niu

牛牛扭头顶妞妞，

niū niu niù bú guò niú niu

妞妞拗不过牛牛，

dī tóu jiǎn shí tou

低头捡石头，

xià de niú niu niǔ tóu zǒu

吓得牛牛扭头走。

⑤ dòng wù ér gē
动物儿歌

qīng tíng bàn kōng zhǎn chì fēi
蜻蜓半空展翅飞，

hú dié huā jiān zhuō mí cáng
蝴蝶花间捉迷藏。

qiū yǐn tǔ lǐ zào gōng diàn
蚯蚓土里造宫殿，

mǎ yǐ dì shàng yùn shí liáng
蚂蚁地上运食粮。

kē dǒu chí zhōng yóu de huān
蝌蚪池中游得欢，

zhī zhū fáng qián jié wǎng máng
蜘蛛房前结网忙。

本文由人民教育出版社小学语文室编写。

qīng tíng mí cáng zào mǎ yǐ shí liáng zhī zhū wǎng
蜻 蜓 迷 藏 造 蚂 蚁 食 粮 蜘 蛛 网

朗读课文。

读一读，记一记。

zhǎn chì　　hú dié　wǔ　　qiū yǐn sōng
蜻蜓展翅　　蝴蝶飞舞　　蚯蚓松土

bān　　kē dǒu　　jié
蚂蚁搬家　　蝌蚪游水　　蜘蛛结网

⑥ 古对今
gǔ duì jīn

gǔ duì jīn
古对今，
yuán duì fāng
圆对方。
yán hán duì kù shǔ
严寒对酷暑，
chūn nuǎn duì qiū liáng
春暖对秋凉。

chén duì mù
晨对暮，
xuě duì shuāng
雪对霜。
hé fēng duì xì yǔ
和风对细雨，
zhāo xiá duì xī yáng
朝霞对夕阳。

táo duì lǐ
桃对李，
liǔ duì yáng
柳对杨。
yīng gē duì yàn wǔ
莺歌对燕舞，
niǎo yǔ duì huā xiāng
鸟语对花香。

yuán	yán	hán	kù	shǔ	liáng	chén	xì	zhāo	xiá	xī	yáng
圆	严	寒	酷	暑	凉	晨	细	朝	霞	夕	杨

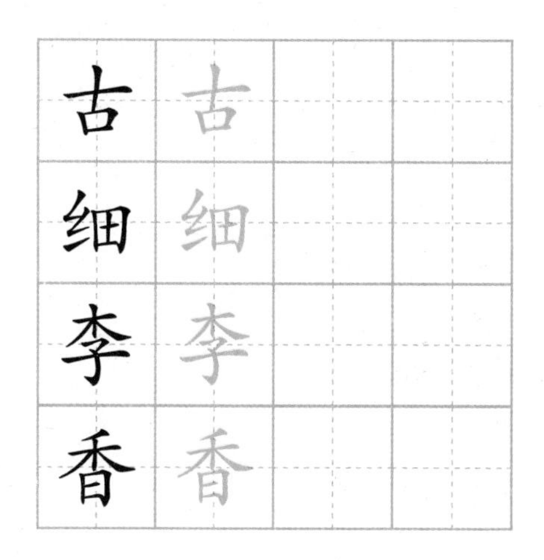

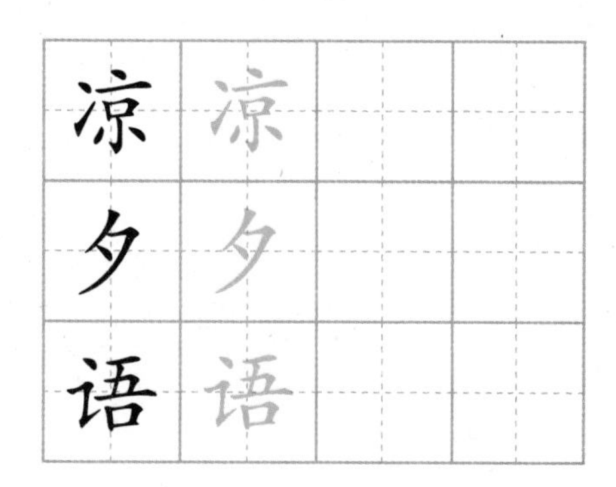

朗读课文。背诵课文。

读一读，记一记。

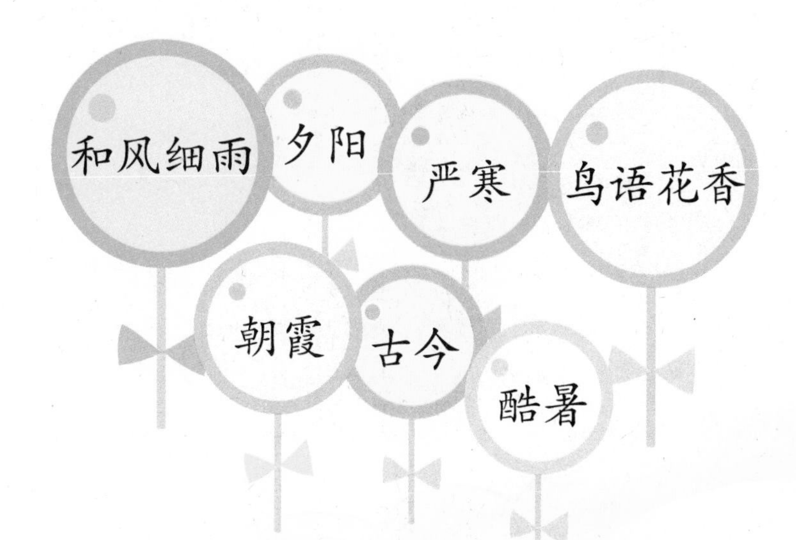

cāo chǎng shàng

⑦ 操场上

dǎ qiú　　bá hé　　pāi pí qiú

打球　　拔河　　拍皮球

tiào gāo　　pǎo bù　　tī zú qiú

跳高　　跑步　　踢足球

本文由人民教育出版社小学语文室编写。

líng shēng xiǎng, xià kè le.

铃声响，下课了。

cāo chǎng shàng, zhēn rè nao.

操场上，真热闹。

tiào shéng tī jiàn diū shā bāo,

跳绳踢毽丢沙包，

tiān tiān duàn liàn shēn tǐ hǎo.

天天锻炼身体好。

cāo chǎng bá pāi pǎo tī líng rè nào duàn liàn tǐ

操 场 拔 拍 跑 踢 铃 热 闹 锻 炼 体

打 跑 声 体

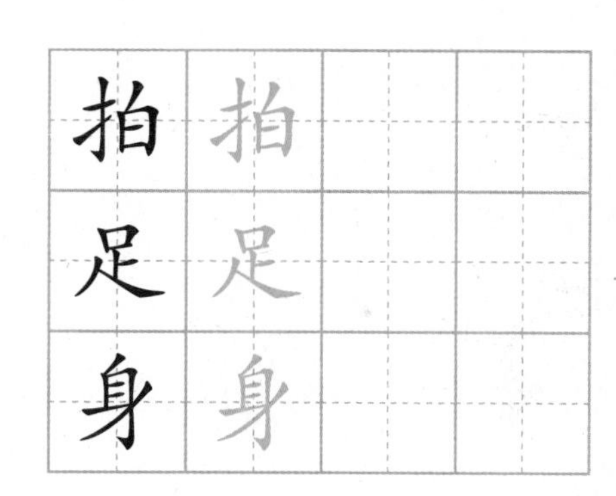

朗读课文。

你喜欢什么体育活动？和同学说一说。

8 人之初
rén zhī chū

rén zhī chū　xìng běn shàn
人之初，性本善，

xìng xiāng jìn　xí xiāng yuǎn
性相近，习相远。

gǒu bú jiào　xìng nǎi qiān
苟不教，性乃迁，

jiào zhī dào　guì yǐ zhuān
教之道，贵以专。

zǐ bù xué　fēi suǒ yí
子不学，非所宜，

yòu bù xué　lǎo hé wéi
幼不学，老何为？

yù bù zhuó　bù chéng qì
玉不琢，不成器，

rén bù xué　bù zhī yì
人不学，不知义。

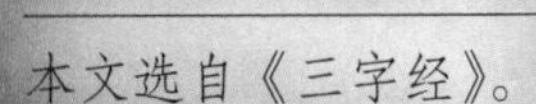

本文选自《三字经》。

zhī	chū	xìng	shàn	xí	jiào	qiān	guì	zhuān	yòu	yù	qì	yì
之	初	性	善	习	教	迁	贵	专	幼	玉	器	义

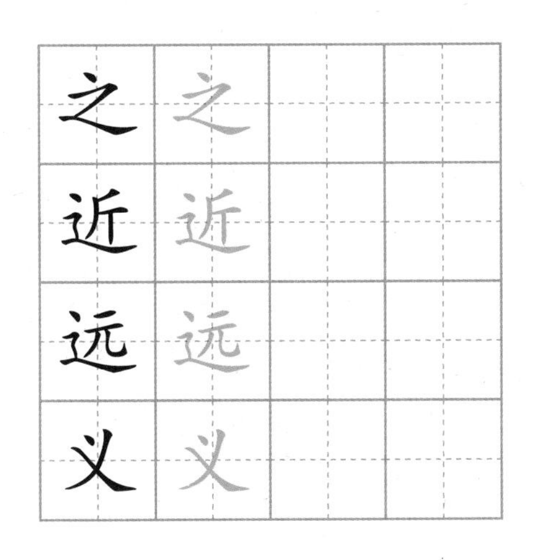

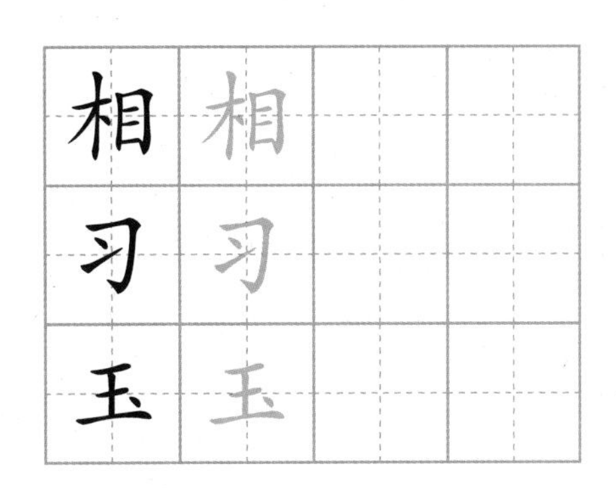

朗读课文。背诵课文。

读一读，记一记。

初始(shǐ)　初夏　　天性　性格(gé)

专心　专门　　善良(liáng)　友善

口语交际

dǎ diàn huà
打电话

nǐ dǎ guo diàn huà ma yīng gāi zěn yàng dǎ diàn huà ne
你打过电话吗？应该怎样打电话呢？

lái shì yi shì ba
来试一试吧！

dǎ diàn huà yuē tóng xué tī qiú
◇ 打电话约同学踢球。

dǎ diàn huà xiàng lǎo shī qǐng jià
◇ 打电话向老师请假。

yǒu yí gè shū shu dǎ diàn huà zhǎo bà ba dàn shì bà ba bú zài jiā
◇ 有一个叔叔打电话找爸爸，但是爸爸不在家。

◎ 给别人打电话时，要先说自己是谁。
◎ 没听清时，可以请对方重复。

语文园地五

识字加油站

fàn néng bǎo
有饭能吃饱，

chá pào
有水把茶泡。

有足快快跑，

qīng bào
有手轻轻抱。

páo
有衣穿长袍，

biān pào
有火放鞭炮。

fàn	néng	bǎo	chá	pào	qīng	biān	pào
饭	能	饱	茶	泡	轻	鞭	炮

我的发现

			yǎo
吃	叫	吹	咬
提	拔	捉	拍
			cǎi
跑	跳	踢	踩

字词句运用

◎ 选一选，填一填。

青　清

◇ 远处有（　　）山，近处有（　　）泉(quán)。

再　在

◇ 放学了，大家（　　）教室(shì)门口和老师说（　　）见。

◎ 比一比，看谁先从字典里查出下面的字。

溪(xī)　解(jiě)　准(zhǔn)　楼(lóu)　伯(bó)

日积月累

◎ 小(xiǎo)葱(cōng)拌(bàn)豆(dòu)腐(fu)——一(yì)清(qīng)(青(qīng))二(èr)白(bái)

◎ 竹(zhú)篮(lán)子(zi)打(dǎ)水(shuǐ)——一(yì)场(chǎng)空(kōng)

◎ 芝(zhī)麻(ma)开(kāi)花(huā)——节(jié)节(jié)高(gāo)

◎ 十(shí)五(wǔ)个(gè)吊(diào)桶(tǒng)打(dǎ)水(shuǐ)——七(qī)上(shàng)八(bā)下(xià)

和大人一起读

hú li hé wū yā

狐狸和乌鸦

hú li zài shù lín lǐ zhǎo chī de tā lái dào yì kē dà shù

狐狸在树林里找吃的。他来到一棵大树

xià kàn jiàn wū yā zhèng zhàn zài shù zhī shàng zuǐ lǐ diāo zhe yí piàn

下，看见乌鸦正站在树枝上，嘴里叼着一片

ròu hú li chán de zhí liú kǒu shuǐ

肉。狐狸馋得直流口水。

tā yǎn zhū yí zhuàn duì wū

他眼珠一转，对乌

yā shuō qīn ài de wū yā

鸦说：“亲爱的乌鸦，

nín hǎo ma wū yā

您好吗？”乌鸦

méi yǒu huí dá

没有回答。

本文根据《伊索寓言》改写。

hú li péi zhe xiào liǎn shuō qīn ài de wū yā nín de
狐狸赔着笑脸说："亲爱的乌鸦，您的
hái zi hǎo ma wū yā kàn le hú li yì yǎn hái shi méi yǒu
孩子好吗？"乌鸦看了狐狸一眼，还是没有
huí dá
回答。

hú li yòu yáo yao wěi ba shuō qīn ài de wū yā
狐狸又摇摇尾巴，说："亲爱的乌鸦，
nín de yǔ máo zhēn piào liang má què bǐ qǐ nín lái kě jiù chà duō
您的羽毛真漂亮，麻雀比起您来，可就差多
le nín de sǎng zi zhēn hǎo shuí dōu ài tīng nín chàng gē nín jiù
了。您的嗓子真好，谁都爱听您唱歌，您就
chàng jǐ jù ba
唱几句吧！"

wū yā tīng le hú li de huà fēi cháng dé yì yú shì jiù
乌鸦听了狐狸的话，非常得意，于是就
chàng le qǐ lái wā wū yā gāng yì kāi kǒu ròu jiù
唱了起来。"哇……"乌鸦刚一开口，肉就
diào le xià lái
掉了下来。

hú li diāo qǐ ròu yí liù yān pǎo diào le
狐狸叼起肉，一溜烟跑掉了。

⑫ 古诗二首

gǔ shī èr shǒu

池上

chí shàng

táng bái jū yì
[唐] 白居易

xiǎo wá chēng xiǎo tǐng
小娃撑小艇，

tōu cǎi bái lián huí
偷采白莲回。

bù jiě cáng zōng jì
不解藏踪迹，

fú píng yí dào kāi
浮萍一道开。

xiǎo chí

小池

sòng yáng wàn lǐ

［宋］杨万里

quán yǎn wú shēng xī xì liú

泉眼无声惜细流，

shù yīn zhào shuǐ ài qíng róu

树荫照水爱晴柔。

xiǎo hé cái lù jiān jiān jiǎo

小荷才露尖尖角，

zǎo yǒu qīng tíng lì shàng tóu

早有蜻蜓立上头。

shǒu	zōng	jì	fú	píng	quán	liú	ài	róu	hé	lù	jiǎo
首	踪	迹	浮	萍	泉	流	爱	柔	荷	露	角

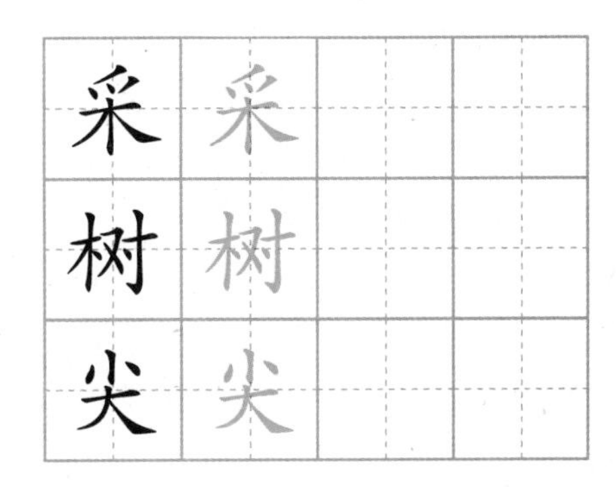

朗读课文。背诵课文。

读一读，记一记。

泉水　清泉　　荷花　荷叶

流水　水流　　踪迹　足迹

⑬ 荷叶圆圆

hé yè yuán yuán

hé yè yuán yuán de, lù lù de.
荷叶圆圆的，绿绿的。

xiǎo shuǐ zhū shuō: "hé yè shì wǒ de yáo lán." xiǎo shuǐ zhū tǎng zài hé yè shàng, zhǎ zhe liàng jīng jīng de yǎn jing.
小水珠说："荷叶是我的摇篮。"小水珠躺在荷叶上，眨着亮晶晶的眼睛。

xiǎo qīng tíng shuō: "hé yè shì wǒ de tíng jī píng." xiǎo qīng tíng lì zài hé yè shàng, zhǎn kāi tòu míng de chì bǎng.
小蜻蜓说："荷叶是我的停机坪。"小蜻蜓立在荷叶上，展开透明的翅膀。

本文作者胡木仁，选作课文时有改动。

xiǎo qīng wā shuō hé yè shì wǒ de gē tái xiǎo qīng wā
小青蛙说：“荷叶是我的歌台。”小青蛙

dūn zài hé yè shàng guā guā de fàng shēng gē chàng
蹲在荷叶上，呱呱地放声歌唱。

xiǎo yú ér shuō hé yè shì wǒ de liáng sǎn xiǎo yú ér
小鱼儿说：“荷叶是我的凉伞。”小鱼儿

zài hé yè xià xiào xī xī de yóu lái yóu qù pěng qǐ yì duǒ duǒ hěn
在荷叶下笑嘻嘻地游来游去，捧起一朵朵很

měi hěn měi de shuǐ huā
美很美的水花。

身

zhū yáo tǎng jīng tíng jī zhǎn tòu chì bǎng chàng duǒ
珠 摇 躺 晶 停 机 展 透 翅 膀 唱 朵

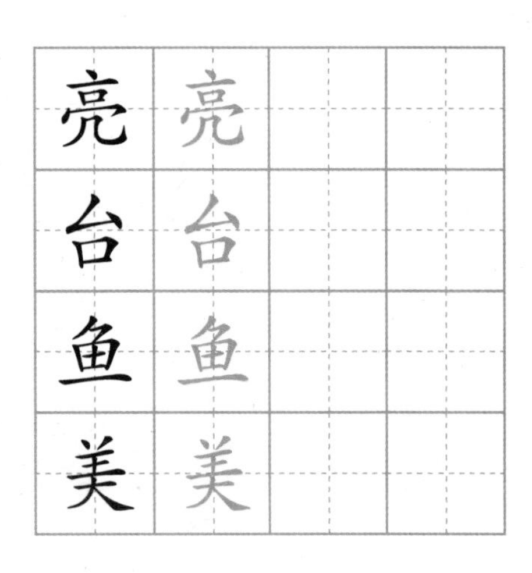

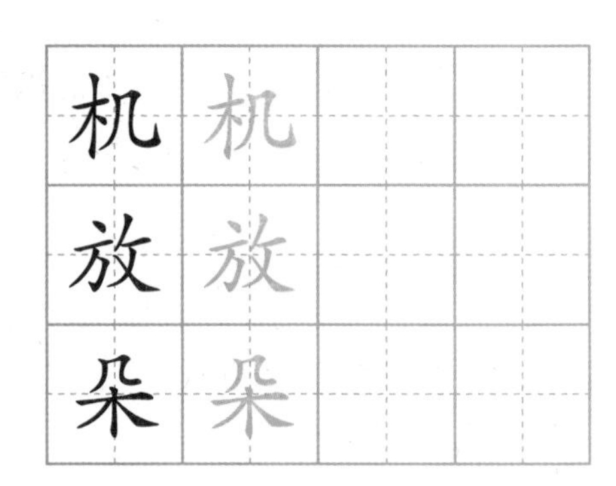

朗读课文。背诵课文。

连一连，说一说。

小水珠　小蜻蜓　小青蛙　小鱼儿

停机坪(píng)　歌台　凉伞　摇篮

读一读，写一写。

荷叶圆圆的，绿绿的。　苹果________，________。

yào xià yǔ le

14 要下雨了

xiǎo bái tù wān zhe yāo zài shān pō shàng gē cǎo
小白兔弯着腰在山坡上割草。

tiān yīn chén chén de, xiǎo bái tù zhí qǐ shēn zi, shēn le shēn yāo
天阴沉沉的，小白兔直起身子，伸了伸腰。

xiǎo yàn zi cóng tā tóu shàng fēi guò. xiǎo bái tù dà shēng hǎn: "yàn zi, yàn zi, nǐ wèi shén me fēi de zhè me dī ya?"
小燕子从他头上飞过。小白兔大声喊：“燕子，燕子，你为什么飞得这么低呀？”

yàn zi biān fēi biān shuō: "yào xià yǔ le, kōng qì hěn cháo shī, chóng zi de chì bǎng zhān le xiǎo shuǐ zhū, fēi bù gāo. wǒ zhèng máng zhe zhuō chóng zi ne!"
燕子边飞边说：“要下雨了，空气很潮湿，虫子的翅膀沾了小水珠，飞不高。我正忙着捉虫子呢！”

本文作者罗亚，选作课文时有改动。

shì yào xià yǔ le ma　xiǎo bái tù wǎng qián biān chí zi lǐ
是要下雨了吗？小白兔往前边池子里
yí kàn　xiǎo yú dōu yóu dào shuǐ miàn shàng lái le
一看，小鱼都游到水面上来了。

xiǎo bái tù pǎo guò qù　wèn　xiǎo yú　xiǎo yú　jīn tiān
小白兔跑过去，问："小鱼，小鱼，今天
zěn me yǒu kòng chū lái ya
怎么有空出来呀？"

xiǎo yú shuō　yào xià yǔ le　shuǐ lǐ mēn de hěn　wǒ men
小鱼说："要下雨了，水里闷得很，我们
dào shuǐ miàn shàng lái tòu tou qì　xiǎo bái tù　nǐ kuài huí jiā ba
到水面上来透透气。小白兔，你快回家吧，
xiǎo xīn lín zháo yǔ
小心淋着雨。"

读了这一段，我知道了"闷"的意思。

xiǎo bái tù lián máng kuà qǐ lán zi wǎng jiā pǎo tā kàn jiàn
小白兔连忙挎起篮子往家跑。他看见
lù biān yǒu yí dà qún mǎ yǐ jiù bǎ yào xià yǔ de xiāo xi gào su
路边有一大群蚂蚁，就把要下雨的消息告诉
le mǎ yǐ yì zhī dà mǎ yǐ shuō shì yào xià yǔ le wǒ
了蚂蚁。一只大蚂蚁说：“是要下雨了，我
men zhèng máng zhe bān dōng xi ne
们正忙着搬东西呢！”

xiǎo bái tù jiā kuài bù zi wǎng jiā pǎo tā yì biān pǎo yì
小白兔加快步子往家跑。他一边跑一
biān hǎn mā ma mā ma yào xià yǔ le
边喊：“妈妈，妈妈，要下雨了！”

hōng lōng lōng tiān kōng xiǎng qǐ le yí zhèn léi shēng huā
轰隆隆，天空响起了一阵雷声。哗，
huā huā dà yǔ zhēn de xià qǐ lái le
哗，哗，大雨真的下起来了！

yāo	pō	chén	shēn	cháo	shī	ne	kòng	mēn	xiāo	xī	bān	xiǎng
腰	坡	沉	伸	潮	湿	呢	空	闷	消	息	搬	响

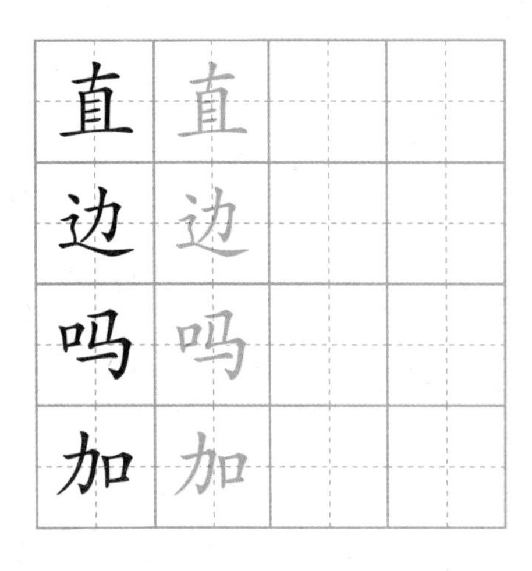

朗读课文。说说故事里有哪些动物，再分角色读一读。

想想燕子、小鱼、蚂蚁下雨前都在干什么。

读一读，记一记。

语文园地六

识字加油站

gùn	guā	tāng
冰棍	西瓜	绿豆汤
	wén	
凉席	蚊香	花露水
pú shàn	yǐ	yíng
蒲扇	竹椅	萤火虫
qiān	zhī	dǒu
牵牛	织女	北斗星

gùn tāng shàn yǐ yíng qiān zhī dǒu
棍 汤 扇 椅 萤 牵 织 斗

字词句运用

读一读，照样子说一说。

gē
小白兔割草。

小白兔在山坡上割草。

小白兔弯着腰在山坡上割草。

小鸭子游泳(yǒng)。

小鸭子________________。

小鸭子________________________。

读一读，加上标点，再抄写最后一句。

◇ 小鸟飞得真低呀（　）

◇ 你写作业了吗（　）

◇ 天安门前的人非常多（　）

◇ 爸爸看到我来了（　）高兴地笑了（　）

展示台

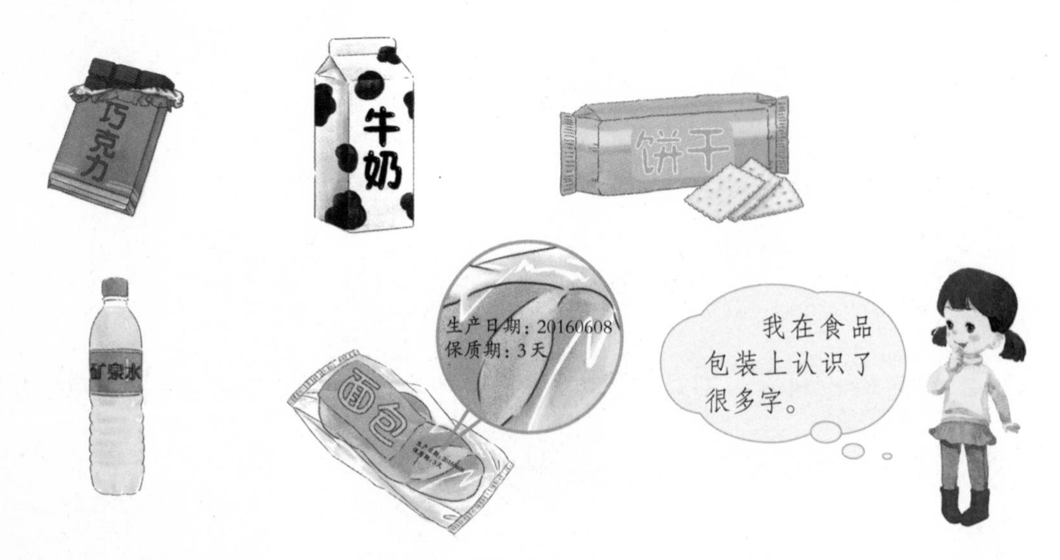

日积月累

◎ 朝霞不出门，晚霞行千里。
zhāo xiá bù chū mén，wǎn xiá xíng qiān lǐ。

◎ 有雨山戴帽，无雨半山腰。
yǒu yǔ shān dài mào，wú yǔ bàn shān yāo。

◎ 早晨下雨当日晴，晚上下雨到天明。
zǎo chen xià yǔ dàng rì qíng，wǎn shang xià yǔ dào tiān míng。

◎ 蚂蚁搬家蛇过道，大雨不久要来到。
mǎ yǐ bān jiā shé guò dào，dà yǔ bù jiǔ yào lái dào。

和大人一起读

夏夜多美
xià yè duō měi

夏夜，公园里静悄悄的。
xià yè，gōng yuán lǐ jìng qiāo qiāo de。

水池里，睡莲刚闭上眼睛，就被呜呜的
shuǐ chí lǐ，shuì lián gāng bì shàng yǎn jing，jiù bèi wū wū de

本文作者彭万洲，选作课文时有改动。

kū shēng jīng xǐng le　tā zhēng kāi yǎn jing yí kàn，shì yì zhī xiǎo mǎ

哭声惊醒了。她睁开眼睛一看，是一只小蚂

yǐ pā zài yì gēn shuǐ cǎo shàng　shuì lián wèn　xiǎo mǎ yǐ　nǐ

蚁趴在一根水草上。睡莲问：“小蚂蚁，你

zěn [illegible] la

怎么啦？”

xiǎo mǎ yǐ shuō　wǒ bù xiǎo xīn diào jìn chí táng　shàng bù

小蚂蚁说：“我不小心掉进池塘，上不

liǎo àn la

了岸啦！”

kuài shàng lái ba　shuì lián wān wan yāo　ràng tā pá le

“快上来吧！”睡莲弯弯腰，让他爬了

shàng lái

上来。

xiǎo mǎ yǐ fēi cháng gǎn jī　lián shēng shuō　xiè xie nín

小蚂蚁非常感激，连声说：“谢谢您，

shuì lián gū gu

睡莲姑姑。”

shuì lián shuō　jīn wǎn jiù zài zhèr zhù xià ba　nǐ qiáo

睡莲说：“今晚就在这儿住下吧！你瞧，

xià yè duō měi ya

夏夜多美呀！”

xiǎo mǎ yǐ yáo yao tóu　shuō　wǒ děi huí jiā　yào bù

小蚂蚁摇摇头，说：“我得回家。要不，

bà ba mā ma huì zháo jí de

爸爸妈妈会着急的。”

tā men de huà ràng zhèng zài shuì lián yè shàng xiū xi de qīng tíng tīng

他们的话让正在睡莲叶上休息的蜻蜓听

jiàn le　tā wèn　shuì lián gū gu　yǒu shén me shì ma

见了。他问：“睡莲姑姑，有什么事吗？”

xiǎo mǎ yǐ xiǎng huí jiā kě wǒ méi bàn fǎ sòng tā
“小蚂蚁想回家，可我没办法送他。”

qīng tíng shuō ràng wǒ lái sòng xiǎo mǎ yǐ ba
蜻蜓说：“让我来送小蚂蚁吧！”

shuì lián wèn tiān zhè me hēi nǐ néng xíng ma
睡莲问：“天这么黑，你能行吗？”

zhè shí yì zhī yíng huǒ chóng fēi lái le shuō wǒ lái gěi nǐ men zhào liàng
这时，一只萤火虫飞来了，说：“我来给你们照亮。”

xiǎo mǎ yǐ pá shàng fēi jī qīng tíng qǐ fēi le yíng huǒ chóng zài qián miàn diǎn qǐ le liàng jīng jīng de xiǎo dēng long
小蚂蚁爬上“飞机”，蜻蜓起飞了。萤火虫在前面点起了亮晶晶的小灯笼。

qīng tíng fēi ya fēi fēi guò qīng qīng de jiǎ shān fēi guò lǜ lǜ de cǎo píng fēi dào yí zuò huā tán qián xiǎo mǎ yǐ dào jiā le
蜻蜓飞呀飞，飞过青青的假山，飞过绿绿的草坪，飞到一座花坛前，小蚂蚁到家了。

xīng xing kàn jiàn le gāo xìng de zhǎ zhe yǎn
星星看见了，高兴地眨着眼。

à duō měi de xià yè ya
啊，多美的夏夜呀！

wén jù de jiā

15 文具的家

qiān bǐ zhǐ yòng le yí cì bù zhī diū dào nǎ lǐ qù le

铅笔，只用了一次，不知丢到哪里去了。

xiàng pí zhǐ cā le yì huí zài xiǎng cā jiù zhǎo bù zháo le

橡皮，只擦了一回，再想擦，就找不着了。

bèi bei yì huí dào jiā jiù xiàng mā ma yào xīn de qiān bǐ xīn de xiàng pí mā ma shuō nǐ zěn me tiān tiān diū dōng xi ne bèi bei zhǎ zhe yì shuāng dà yǎn jing duì mā ma shuō wǒ yě bù zhī dào

贝贝一回到家，就向妈妈要新的铅笔、新的橡皮。妈妈说：“你怎么天天丢东西呢？”贝贝眨着一双大眼睛，对妈妈说：“我也不知道。”

本文作者圣野，选作课文时有改动。

mā ma shuō bèi
妈妈说：“贝
bei nǐ yǒu yí gè jiā
贝，你有一个家，
měi tiān fàng xué hòu nǐ
每天放学后，你
dōu píng píng ān ān de huí
都平平安安地回
jiā nǐ yào xiǎng xiang bàn fǎ ràng nǐ de qiān bǐ xiàng pí hé zhuàn
家。你要想想办法，让你的铅笔、橡皮和转
bǐ dāo yě yǒu zì jǐ de jiā ya
笔刀，也有自己的家呀。”

bèi bei xiǎng qǐ lái le tā shū bāo lǐ de wén jù hé
贝贝想起来了，她书包里的文具盒，
jiù shì zhè xiē wén jù de jiā
就是这些文具的家。

cóng cǐ měi tiān fàng xué de shí hou bèi bei dōu yào zǐ
从此，每天放学的时候，贝贝都要仔
xì jiǎn chá qiān bǐ ya xiàng pí ya zhuàn bǐ dāo wa suǒ yǒu
细检查，铅笔呀，橡皮呀，转笔刀哇，所有
de xiǎo huǒ bàn shì bú shì dōu huí jiā le
的小伙伴是不是都回家了。

斤

jù	cì	diū	nǎ	xīn	měi	píng	tā	xiē	zǐ	jiǎn	chá	suǒ
具	次	丢	哪	新	每	平	她	些	仔	检	查	所

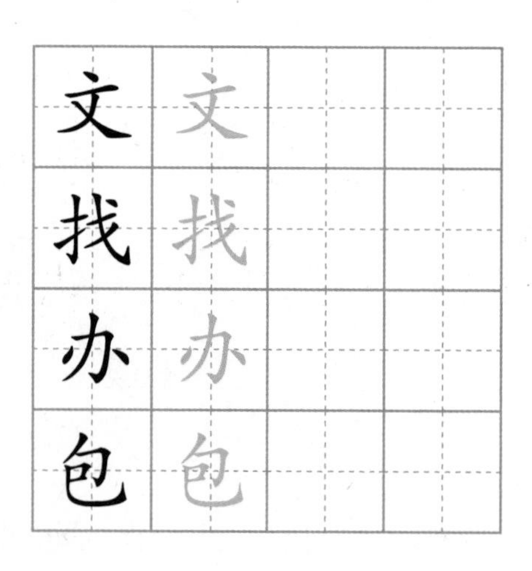

朗读课文。

读一读，记一记。

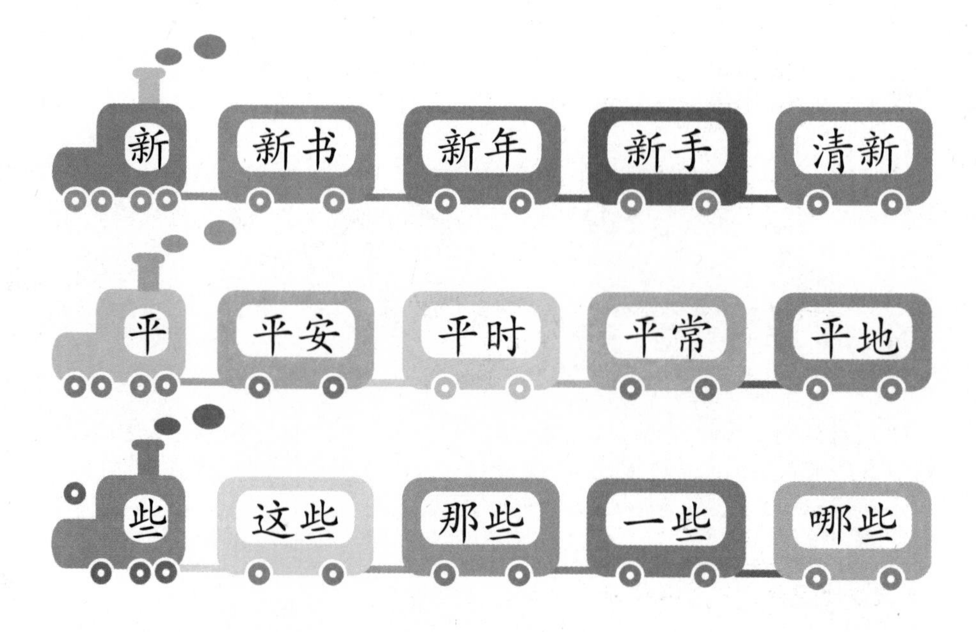

yì fēn zhōng

⑯ 一分钟

dīng líng líng nào zhōng xiǎng le yuán yuan dǎ le gè hā

丁零零，闹钟响了。元元打了个哈

qian fān le gè shēn xīn xiǎng zài shuì yì fēn zhōng ba jiù shuì

欠，翻了个身，心想：再睡一分钟吧，就睡

yì fēn zhōng bú huì chí dào de

一分钟，不会迟到的。

guò le yì fēn zhōng yuán yuan qǐ lái le tā hěn kuài de

过了一分钟，元元起来了。他很快地

xǐ le liǎn chī le zǎo diǎn jiù bēi zhe shū bāo shàng xué qù le

洗了脸，吃了早点，就背着书包上学去了。

dào le shí zì lù kǒu tā kàn jiàn qián miàn shì lǜ dēng gāng xiǎng zǒu

到了十字路口，他看见前面是绿灯，刚想走

guò qù hóng dēng liàng le tā tàn le kǒu qì shuō yào shi

过去，红灯亮了。他叹了口气，说：“要是

zǎo yì fēn zhōng jiù hǎo le

早一分钟就好了。”

本文作者鲁兵，选作课文时有改动。

tā děng le yí huìr cái zǒu guò shí zì lù kǒu tā
他等了一会儿，才走过十字路口。他
xiàng tíng zài chē zhàn de gōnggòng qì chē pǎo qù yǎn kàn jiù yào dào
向停在车站的公共汽车跑去，眼看就要到
le chē zi kāi le tā yòu tàn le kǒu qì shuō yào shi
了，车子开了。他又叹了口气，说：“要是
zǎo yì fēn zhōng jiù hǎo le
早一分钟就好了。”

tā děng a děng yì zhí bú jiàn gōnggòng qì chē de yǐng zi
他等啊等，一直不见公共汽车的影子，
yuányuan jué dìng zǒu dào xué xiào qù
元元决定走到学校去。

dào le xué xiào yǐ jīng shàng kè le yuányuan hóng zhe liǎn
到了学校，已经上课了。元元红着脸，
dī zhe tóu zuò dào le zì jǐ de zuò wèi shàng lǐ lǎo shī kàn
低着头，坐到了自己的座位上。李老师看
le kàn shǒu biǎo shuō yuányuan jīn tiān nǐ chí dào le èr shí
了看手表，说：“元元，今天你迟到了二十
fēn zhōng
分钟。”

yuányuan fēi cháng hòu huǐ
元元非常后悔。

zhōng	yuán	chí	xǐ	bēi	gāng	tàn	gòng	qì	jué	dìng	yǐ	jīng
钟	元	迟	洗	背	刚	叹	共	汽	决	定	已	经

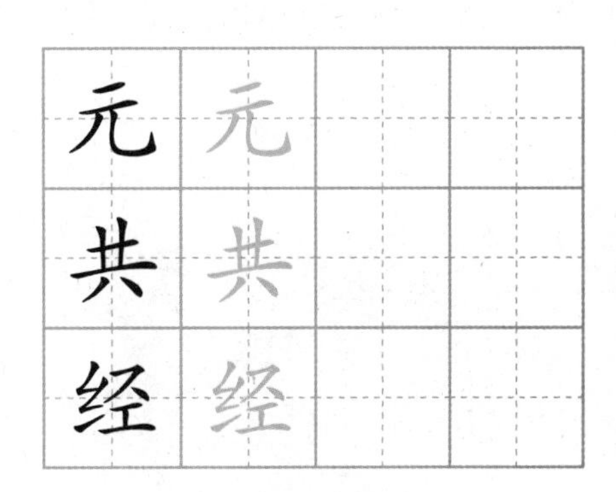

朗读课文。

根据课文内容说一说。

◇ 要是早一分钟，就能赶(gǎn)上绿灯了。

◇ 要是能赶上绿灯，就________________。

◇ 要是能及(jí)时通(tōng)过路口，就____________。

◇ 要是能赶上公共汽车，就不会迟到了。

一分钟能做什么？

◇ 我一分钟能走（　　　）步。

◇ 我一分钟能写（　　　）个字。

我一分钟还能……

dòng wù wáng guó kāi dà huì

17 动物王国开大会

dòng wù wáng guó yào kāi
动物王国要开
dà huì lǎo hǔ ràng gǒu xióng
大会，老虎让狗熊
tōng zhī dà jiā gǒu xióng yòng
通知大家。狗熊用
lǎ ba dà shēng hǎn dà
喇叭大声喊：“大
jiā zhù yì dòng wù wáng guó
家注意，动物王国
yào kāi dà huì qǐng nǐ men
要开大会，请你们
dōu cān jiā yì lián shuō
都参加！”一连说
le shí biàn
了十遍。

hú li bēn lái le duì gǒu xióng shuō nǐ shuō yì bǎi biàn
狐狸奔来了，对狗熊说：“你说一百遍，
dà huì yě kāi bù qǐ lái
大会也开不起来。”

wèi shén me gǒu xióng wèn
“为什么？”狗熊问。

yīn wèi nǐ méi gào su dà jiā dà huì zài nǎ yì tiān
“因为你没告诉大家，大会在哪一天

本文作者嵇鸿，选作课文时有改动。

开，是今天，还是明天，还是……”

狗熊一听，伸了伸舌头，做了个鬼脸，连忙说：“对，对，对！”于是就去问老虎。

老虎说：“大会就在明天开，你快去通知大家吧！”

狗熊又用喇叭大声喊：“大家注意，动物王国要在明天开大会，请你们都参加！”一连说了十遍。

大灰狼跑来对狗熊说：“你说一百遍，大会也开不起来。”

“为什么？”狗熊问。

yīn wèi nǐ méi gào su dà jiā zài míng tiān shén me shí hou
“因为你没告诉大家，在明天什么时候

kāi shàng wǔ hái shi xià wǔ jǐ diǎn zhōng kāi
开，上午还是下午，几点钟开。”

gǒu xióng yì tīng shuō yǒu dào lǐ yǒu dào lǐ yú
狗熊一听，说：“有道理，有道理！”于

shì yòu qù wèn lǎo hǔ
是又去问老虎。

lǎo hǔ shuō dà huì jiù zài míng tiān shàng wǔ bā diǎn kāi
老虎说：“大会就在明天上午八点开，

nǐ zài qù tōng zhī dà jiā ba
你再去通知大家吧！”

gǒu xióng yòu yòng
狗熊又用
lǎ ba dà shēng hǎn
喇叭大声喊：
dà jiā zhù yì
“大家注意，
dòng wù wáng guó yào zài
动物王国要在
míng tiān shàng wǔ bā diǎn
明天上午八点
kāi dà huì qǐng nǐ
开大会，请你
men dōu cān jiā
们都参加！”
yì lián shuō le shí biàn
一连说了十遍。

méi huā lù bēn lái wèn gǒu xióng dà huì zài nǎr kāi ya nǐ děi shuō qīng chu
梅花鹿奔来问狗熊：“大会在哪儿开呀？你得说清楚。”

gǒu xióng chuí chui zì jǐ de nǎo dai shuō wǒ zěn me méi wèn qīng chu ne yú shì yòu qù wèn lǎo hǔ
狗熊捶捶自己的脑袋，说：“我怎么没问清楚呢？”于是又去问老虎。

āi yā wàng le shuō dì diǎn dà huì zài sēn lín guǎng chǎng kāi nǐ zài qù tōng zhī dà jiā ba lǎo hǔ duì gǒu xióng shuō
“哎呀！忘了说地点。大会在森林广场开，你再去通知大家吧！”老虎对狗熊说。

qǐng zhù yì la gǒu xióng yòu yòng lǎ ba dà shēng hǎn
“请注意啦！”狗熊又用喇叭大声喊，

míng tiān shàng wǔ bā diǎn zài sēn lín guǎng chǎng kāi dà huì qǐng
“明天上午八点，在森林广场开大会，请

dà jiā zhǔn shí cān jiā yì lián shuō le shí biàn
大家准时参加！”一连说了十遍。

zhè yí cì dà jiā dōu míng bai le dì èr tiān shàng wǔ
这一次，大家都明白了。第二天上午，

dòng wù men dōu lái dào sēn lín guǎng chǎng zhǔn shí cān jiā le dà huì
动物们都来到森林广场，准时参加了大会。

看来，把时间、
地点说清楚很重要！

牛

wù	hǔ	xióng	tōng	zhù	yì	biàn	bǎi	shé	guǐ	liǎn	zhǔn	dì
物	虎	熊	通	注	意	遍	百	舌	鬼	脸	准	第

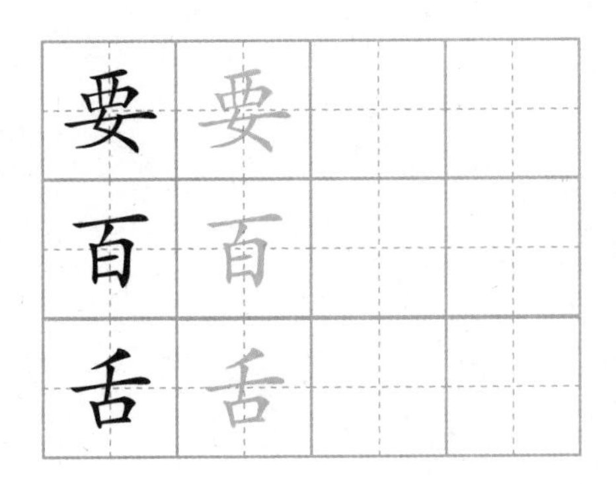

分角色朗读课文。

读一读，说一说。

通　知

本周五早上八点，请参加运动会入场式的各班同学，在教学楼门前集合。

少先队大队部

2016年4月20日

时间：__________ 地点：__________

参加人：__________ 事情：__________

通知人：__________

通知时间：__________

xiǎo hóu zi xià shān

18 小猴子下山

yǒu yì tiān xiǎo hóu zi
有一天，小猴子
xià shān lái zǒu dào yí kuài yù
下山来，走到一块玉
mǐ dì lǐ tā kàn jiàn yù mǐ
米地里。他看见玉米
jiē de yòu dà yòu duō fēi cháng
结得又大又多，非常
gāo xìng jiù bāi le yí gè
高兴，就掰了一个，
káng zhe wǎng qián zǒu
扛着往前走。

xiǎo hóu zi káng zhe yù
小猴子扛着玉
mǐ zǒu dào yì kē táo shù
米，走到一棵桃树
xià tā kàn jiàn mǎn shù de
下。他看见满树的
táo zi yòu dà yòu hóng fēi cháng
桃子又大又红，非常
gāo xìng jiù rēng le yù mǐ
高兴，就扔了玉米，
qù zhāi táo zi
去摘桃子。

本文选自人民教育出版社《全日制十年制学校小学课本（试用本）语文第二册》。

xiǎo hóu zi pěng zhe jǐ
小猴子捧着几
gè táo zi zǒu dào yí piàn guā
个桃子，走到一片瓜
dì lǐ tā kàn jiàn mǎn dì de
地里。他看见满地的
xī guā yòu dà yòu yuán fēi cháng
西瓜又大又圆，非常
gāo xìng jiù rēng le táo zi
高兴，就扔了桃子，
qù zhāi xī guā
去摘西瓜。

xiǎo hóu zi bào zhe yí gè
小猴子抱着一个
dà xī guā wǎng huí zǒu zǒu zhe
大西瓜往回走。走着
zǒu zhe tā kàn jiàn yì zhī xiǎo
走着，他看见一只小
tù zi bèng bèng tiào tiào de zhēn
兔子蹦蹦跳跳的，真
kě ài jiù rēng le xī guā
可爱，就扔了西瓜，
qù zhuī xiǎo tù zi
去追小兔子。

xiǎo tù zi pǎo jìn shù lín lǐ bú jiàn le xiǎo hóu zi
小兔子跑进树林里，不见了。小猴子
zhǐ hǎo kōng zhe shǒu huí jiā qù
只好空着手回家去。

hóu	jiē	bāi	káng	mǎn	rēng	zhāi	pěng	guā	bào	bèng	zhuī
猴	结	掰	扛	满	扔	摘	捧	瓜	抱	蹦	追

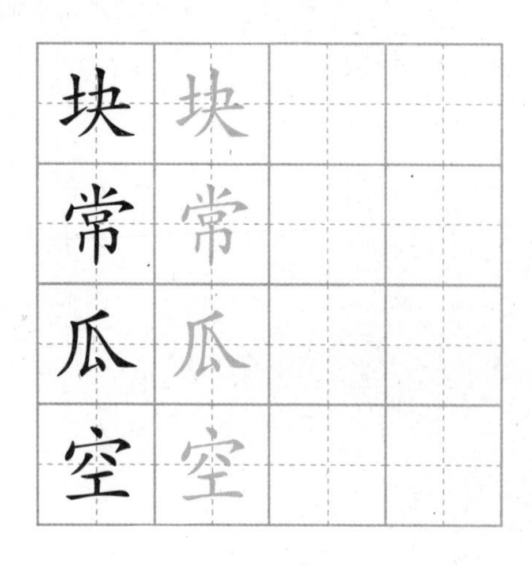

朗读课文。

结合插图，说说小猴子看到了什么，做了什么，最后为什么只好空着手回家去。

读读做做，再选几个词各说一句话。

口语交际

yì qǐ zuò yóu xì
一起做游戏

yāo qǐng xiǎo huǒ bàn yì qǐ zuò yóu xì ba
邀请小伙伴一起做游戏吧！

◎ 一边说，一边做动作，这样别人更容易明白。

语文园地七

识字加油站

口 + 少 = 吵(chǎo)　　月 + 半 = 胖(pàng)

山 + 夕 = 岁(suì)　　王 + 见 = 现(xiàn)

飘 − 风 = 票(piào)　　校 − 木 = 交(jiāo)

张 − 长 = 弓(gōng)　　甜 − 舌 = 甘(gān)

chǎo	pàng	suì	xiàn	piào	jiāo	gōng	gān
吵	胖	岁	现	票	交	弓	甘

字词句运用

比一比，填一填。

午 牛　　己 已　　刀 力　　人 入

中□　　□经　　□气　　□们

水□　　自□　　□片　　出□

◎ 从下面的词语中选择几个，展开想象说几句话。

花朵　　笑声　　阳光　　草地

告诉　　歌唱　　跑步　　喜欢

书写提示

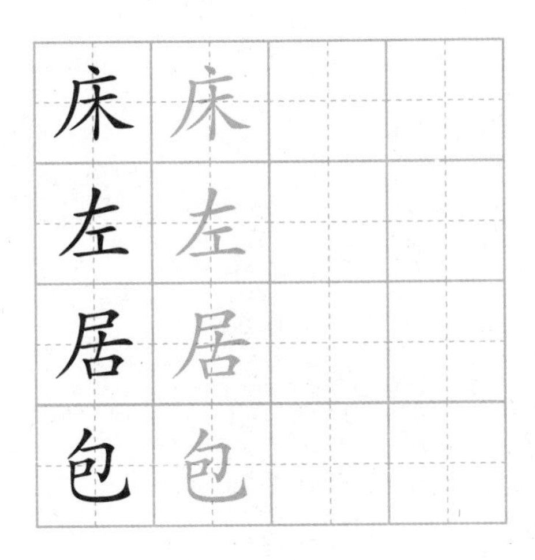

笔顺规则：左上包围和右上包围的字先外后内。

日积月累

mǐn ér hào xué, bù chǐ xià wèn. lún yǔ

◎ 敏而好学，不耻下问。——《论语》

bù zhī zé wèn, bù néng zé xué. xún zǐ

◎ 不知则问，不能则学。——《荀子》

dú shū bǎi biàn, ér yì zì xiàn. dǒng yù

◎ 读书百遍，而义自见。——董遇

dú wàn juàn shū, xíng wàn lǐ lù. dǒng qí chāng

◎ 读万卷书，行万里路。——董其昌

和大人一起读

sūn wù kōng dǎ yāo guài
孙悟空打妖怪

táng sēng qí mǎ dōng nà gè dōng
唐僧骑马咚那个咚，

hòu miàn gēn zhe gè sūn wù kōng
后面跟着个孙悟空。

sūn wù kōng, pǎo de kuài
孙悟空，跑得快，

hòu miàn gēn zhe gè zhū bā jiè
后面跟着个猪八戒。

zhū bā jiè, bí zi cháng
猪八戒，鼻子长，

hòu miàn gēn zhe gè shā hé shang
后面跟着个沙和尚。

shā hé shang, tiāo zhe luó
沙和尚，挑着箩，

hòu miàn gēn zhe gè lǎo yāo pó
后面跟着个老妖婆。

本文作者樊家信，选作课文时有改动。

lǎo yāo pó zhēn zhèng huài

老妖婆，真正坏，

piàn le táng sēng hé bā jiè

骗了唐僧和八戒。

táng sēng bā jiè zhēn hú tu

唐僧八戒真糊涂，

shì rén shì yāo fēn bù qīng

是人是妖分不清。

fēn bù qīng shàng le dàng

分不清，上了当，

duō kuī wù kōng yǎn jing liàng

多亏悟空眼睛亮。

yǎn jing liàng mào jīn guāng

眼睛亮，冒金光，

gāo gāo jǔ qǐ jīn gū bàng

高高举起金箍棒。

jīn gū bàng yǒu lì liàng

金箍棒，有力量，

yāo mó guǐ guài xiāo miè guāng

妖魔鬼怪消灭光。

mián huā gū niang

19 棉花姑娘

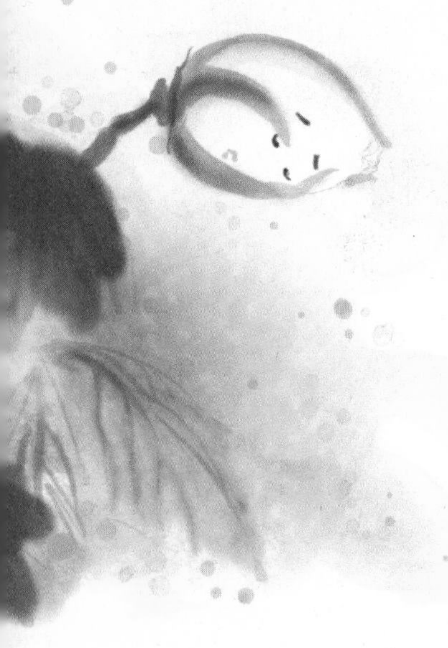

mián huā gū niang shēng bìng le, yè zi
棉花姑娘生病了，叶子
shàng yǒu xǔ duō kě wù de yá chóng. tā
上有许多可恶的蚜虫。她
duō me pàn wàng yǒu yī shēng lái gěi tā zhì
多么盼望有医生来给她治
bìng a!
病啊！

yàn zi fēi lái le. mián huā gū niang shuō: "qǐng nǐ bāng wǒ
燕子飞来了。棉花姑娘说：“请你帮我
zhuō hài chóng ba!" yàn zi shuō: "duì bu qǐ, wǒ zhǐ huì zhuō kōng
捉害虫吧！”燕子说：“对不起，我只会捉空
zhōng fēi de hài chóng, nǐ hái shi qǐng bié rén bāng máng ba!"
中飞的害虫，你还是请别人帮忙吧！”

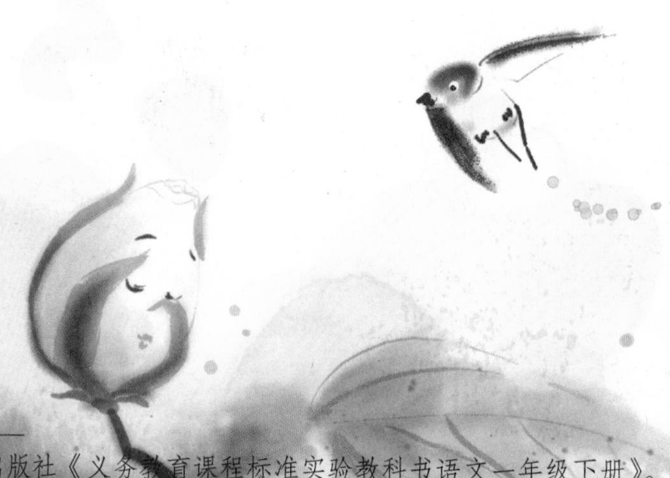

本文选自人民教育出版社《义务教育课程标准实验教科书语文一年级下册》。

zhuó mù niǎo fēi lái le mián huā
啄木鸟飞来了。棉花
gū niang shuō qǐng nǐ bāng wǒ zhuō hài chóng
姑娘说：“请你帮我捉害虫
ba zhuó mù niǎo shuō duì bu qǐ
吧！”啄木鸟说：“对不起，
wǒ zhǐ huì zhuō shù gàn lǐ de hài chóng
我只会捉树干里的害虫，
nǐ hái shi qǐng bié rén bāng máng ba
你还是请别人帮忙吧！”

qīng wā tiào lái le mián huā gū niang gāo xìng de shuō qǐng
青蛙跳来了。棉花姑娘高兴地说：“请
nǐ bāng wǒ zhuō hài chóng ba qīng wā shuō duì bu qǐ wǒ zhǐ
你帮我捉害虫吧！”青蛙说：“对不起，我只
huì zhuō tián lǐ de hài chóng nǐ hái shi qǐng bié rén bāng máng ba
会捉田里的害虫，你还是请别人帮忙吧！”

hū rán yì qún
忽然，一群
yuán yuán de xiǎo chóng zi fēi
圆圆的小虫子飞
lái le hěn kuài jiù bǎ
来了，很快就把
yá chóng chī guāng le mián
蚜虫吃光了。棉
huā gū niang jīng qí de wèn
花姑娘惊奇地问：
nǐ men shì shuí ya
“你们是谁呀？”
xiǎo chóng zi shuō wǒ men
小虫子说：“我们

shēn shàng yǒu qī gè bān diǎn jiù xiàng qī kē xīng xing dà jiā jiào
身上有七个斑点，就像七颗星星，大家叫

wǒ men qī xīng piáo chóng
我们七星瓢虫。”

bù jiǔ mián huā gū niang de bìng hǎo le zhǎng chū le bì
不久，棉花姑娘的病好了，长出了碧

lǜ bì lǜ de yè zi tǔ chū le xuě bái xuě bái de mián huā tā
绿碧绿的叶子，吐出了雪白雪白的棉花。她

liě kāi zuǐ xiào la
咧开嘴笑啦！

mián	niáng	zhì	yàn	bié	gàn	rán	qí	kē	piáo	bì	tǔ	la
棉	娘	治	燕	别	干	然	奇	颗	瓢	碧	吐	啦

病	病		
别	别		
奇	奇		
星	星		

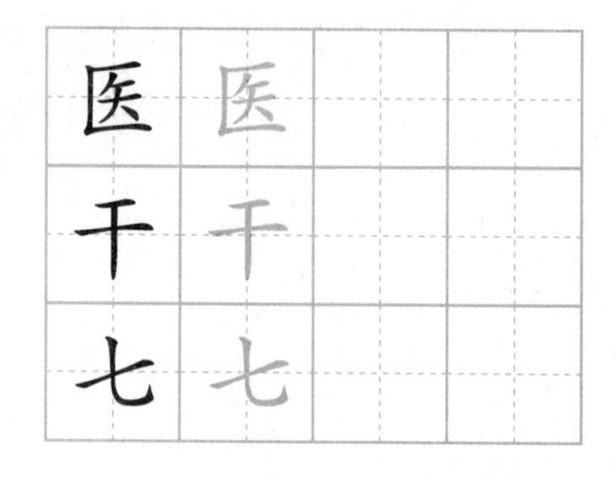

朗读课文，读好课文中的对话。

连一连，说一说。

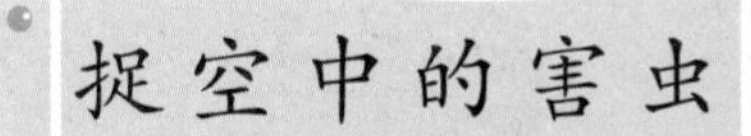

捉树干里的害虫

捉田里的害虫

捉棉花叶子上的害虫

读一读，照样子说一说。

碧绿碧绿的叶子　　碧绿碧绿的______

雪白雪白的棉花　　雪白雪白的______

20 咕咚

木瓜熟了。一个木瓜从高高的树上掉进湖里，咕咚！

兔子吓了一跳，拔腿就跑。小猴子看见了，问他为什么跑。兔子一边跑一边叫：“不好啦，‘咕咚’可怕极了！”

小猴子一听，就跟着跑起来。他一边跑一边大叫：“不好啦，不好啦，‘咕咚’来了，大家快跑哇！”

这一下可热闹了。狐狸呀，山羊啊，小鹿哇，一个跟着一个跑起来。大伙一边跑一边叫：“快逃命

本文由王沂暖根据藏族民间故事改写。

啊，‘咕咚’来了！”

大象看见了，也跟着跑起来。野(yě)牛拦住他，问：“‘咕咚’在哪里，你看见了？”大象说：“没看见，大伙都说‘咕咚’来了。”野牛拦住大伙问，大伙都说没看见。

最后问兔子，兔子说：“是我听见的，‘咕咚’就在那边的湖里。”

兔子领(lǐng)着大家来到湖边。正好又有一个木瓜从高高的树上掉进湖里，咕咚！

大伙你看看我，我看看你，都笑了。

咕 咚 熟 掉 吓 鹿 逃 命 象 野 拦 领

吓	吓				
跟	跟				
羊	羊				
都	都				

怕	怕				
家	家				
象	象				

在课文中找出不认识的字，猜猜它们的读音。

朗读课文。说说动物们为什么跟着兔子一起跑，野牛是怎么做的。

21 小壁(bì)虎借(jiè)尾巴

小壁虎在墙角捉蚊子，一条蛇咬住了他的尾巴。小壁虎一挣(zhèng)，挣断(duàn)尾巴逃走了。

没有尾巴多难(nán)看哪！小壁虎想：向谁去借一条尾巴呢？

小壁虎爬呀爬，爬到小河边。他看见小鱼摇着尾巴，在河里游来游去。小壁虎说：“小鱼姐姐，您(nín)把尾巴借给我行吗？”小鱼说：“不行啊(a)，我要用尾巴拨(bō)水呢。”

本文作者杨颂英，选作课文时有改动。

小壁虎爬呀爬，爬到大树上。他看见老牛甩(shuǎi)着尾巴，在树下吃草。小壁虎说：“牛伯(bó)伯，您把尾巴借给我行吗？”老牛说：“不行啊，我要用尾巴赶蝇(yíng)子呢。”

小壁虎爬呀爬，爬到房檐(yán)下。他看见燕子摆(bǎi)着尾巴，在空中飞来飞去。小壁虎说：“燕子阿(ā)姨(yí)，您把尾巴借给我行吗？”燕子说：“不行啊，我要用尾巴掌(zhǎng)握(wò)方向呢。”

小壁虎借不到尾巴，心里很难过。他爬呀爬，爬回家里找妈妈。

小壁虎把借尾巴的事告诉了妈妈。妈妈笑着说：“傻(shǎ)孩子，你转过身子看看。”小壁虎转身一看，高兴得叫了起来：“我长出一条新尾巴啦！”

户 车

壁 墙 蚊 咬 断 您 拨 甩 赶 房 傻 转

捉	捉		
爬	爬		
您	您		
房	房		

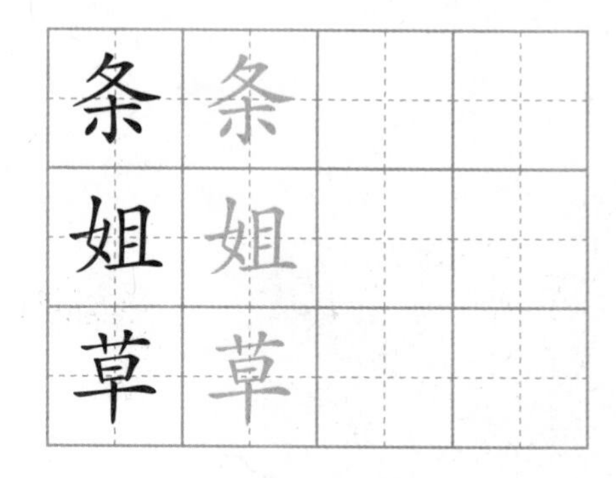

在课文中找出不认识的字，猜猜它们的读音和意思，再说说你是怎么猜出来的。

朗读课文。说说小壁虎都找谁借过尾巴，结果怎么样。

选做：和同学分角色演一演这个故事。

语文园地八

识字加油站

shuā
牙刷　刷牙

shū
梳子　梳头

jīn　　cā
毛巾　擦手

zào　　zǎo
香皂　洗澡

pén
脸盆　洗脸

wèi　shuā　shū　jīn　cā　zào　zǎo　pén
卫　刷　梳　巾　擦　皂　澡　盆

我的发现

虫字旁的字大都和虫子有关。

字词句运用

你有过下面这些心情吗？说一说，写一写。

高兴　　生气　　害怕　　难(nán)过

日积月累

画(huà)鸡(jī)

［明(míng)］唐(táng)寅(yín)

头(tóu)上(shàng)红(hóng)冠(guān)不(bú)用(yòng)裁(cái)，
满(mǎn)身(shēn)雪(xuě)白(bái)走(zǒu)将(jiāng)来(lái)。
平(píng)生(shēng)不(bù)敢(gǎn)轻(qīng)言(yán)语(yǔ)，
一(yí)叫(jiào)千(qiān)门(mén)万(wàn)户(hù)开(kāi)。

和大人一起读

xiǎo xióng zhù shān dòng
小熊住山洞

xiǎo xióng yì jiā zhù zài shān dòng lǐ, xióng bà ba xiǎng kǎn yì xiē shù, gài yì jiān xīn fáng zi。

小熊一家住在山洞里，熊爸爸想砍一些树，盖一间新房子。

chūn tiān, xióng bà ba dài zhe xiǎo xióng lái dào sēn lín lǐ。shù shàng zhǎng mǎn le lǜ yóu yóu de yè zi, xiǎo xióng shuō: "bà ba, shù yè zhǎng de duō lǜ ya! wǒ men hái shi bú yào kǎn le ba!"

春天，熊爸爸带着小熊来到森林里。树上长满了绿油油的叶子，小熊说："爸爸，树叶长得多绿呀！我们还是不要砍了吧！"

xià tiān, xiǎo xióng hé xióng bà ba lái dào sēn lín lǐ。shù shàng kāi mǎn le huā, xiǎo xióng shě bù dé, yòu shuō: "bà ba, shù shàng de huā kāi de duō piào liang a! jiù bié kǎn le ba!"

夏天，小熊和熊爸爸来到森林里。树上开满了花，小熊舍不得，又说："爸爸，树上的花开得多漂亮啊！就别砍了吧！"

本文作者胡木仁，选作课文时有改动。

qiū tiān xiǎo xióng hé xióng
秋天，小熊和熊
bà ba lái dào sēn lín lǐ shù
爸爸来到森林里。树
shàng jiē zhe hóng hóng de guǒ zi
上结着红红的果子，
xiǎo xióng duì bà ba shuō shù
小熊对爸爸说：“树
shàng jiē le nà me duō guǒ zi
上结了那么多果子，
wǒ bù rěn xīn kǎn
我不忍心砍。”

dōng tiān xiǎo xióng hé xióng bà ba lái
冬天，小熊和熊爸爸来
dào sēn lín lǐ xióng bà ba gāng ná qǐ
到森林里。熊爸爸刚拿起
fǔ tóu hū rán tīng dào le shù shàng niǎo
斧头，忽然听到了树上鸟
ér de shēng yīn hǎo xiàng zài shuō qiú
儿的声音，好像在说：“求
qiu nǐ bié huǐ le wǒ men de jiā
求你，别毁了我们的家！”
xiǎo xióng lián máng duì xióng bà ba shuō bà
小熊连忙对熊爸爸说：“爸
ba nǐ kǎn le zhè kē shù xiǎo niǎo men
爸，你砍了这棵树，小鸟们
jiù méi yǒu jiā le bié kǎn le ba
就没有家了，别砍了吧！”

jiù zhè yàng yì nián yòu yì nián xiǎo xióng yì jiā méi yǒu
　　就这样，一年又一年，小熊一家没有
kǎn shù yì zhí zhù zài shān dòng lǐ sēn lín lǐ de dòng wù dōu
砍树，一直住在山洞里。森林里的动物都
hěn gǎn jī xiǎo xióng yì jiā gěi tā men sòng lái le hǎo duō xiān huā
很感激小熊一家，给它们送来了好多鲜花
hé guǒ shí
和果实。

识字表

识字

	shuāng	chuī	luò	jiàng	piāo	yóu	chí	rù				
1	霜	吹	落	降	飘	游	池	入				
	xìng	shì	lǐ	zhāng	gǔ	wú	zhào	qián	sūn	zhōu	wáng	guān
2	姓	氏	李	张	古	吴	赵	钱	孙	周	王	官
	qīng	qíng	yǎn	jīng	bǎo	hù	hài	shì	qíng	qǐng	ràng	bìng
3	清	晴	眼	睛	保	护	害	事	情	请	让	病
	xiāng	yù	xǐ	huān	pà	yán	hù	lìng	dòng	wàn	chún	jìng
4	相	遇	喜	欢	怕	言	互	令	动	万	纯	净
	yīn	léi	diàn	zhèn	bīng	dòng	jiā					
语文园地一	阴	雷	电	阵	冰	冻	夹					

课文

	chī	wàng	jǐng	cūn	jiào	máo	zhǔ	xí	xiāng	qīn	zhàn	shì	miàn
1	吃	忘	井	村	叫	毛	主	席	乡	亲	战	士	面
	xiǎng	gào	sù	lù	jīng	ān	mén	guǎng	fēi	cháng	zhuàng	guān	
2	想	告	诉	路	京	安	门	广	非	常	壮	观	
	jiē	jiào	zài	zuò	gè	zhǒng	yàng	mèng	huǒ	bàn	què	qù	zhè
3	接	觉	再	做	各	种	样	梦	伙	伴	却	趣	这
	tài	yáng	dào	sòng	máng	cháng	xiāng	tián	wēn	nuǎn	gāi	yán	yīn
4	太	阳	道	送	忙	尝	香	甜	温	暖	该	颜	因
	liàng	pǐ	cè	zhī	qiān	kē	jià						
语文园地二	辆	匹	册	支	铅	棵	架						
	kuài	zhuō	jí	zhí	hé	xíng	sǐ	xìn	gēn	hū	hǎn	shēn	
5	块	捉	急	直	河	行	死	信	跟	忽	喊	身	

识字表中蓝色的字是多音字，不计入生字总数。

6
zhǐ wō gū dān zhòng dōu lín jū zhāo hū jìng lè
只 窝 孤 单 种 都 邻 居 招 呼 静 乐

7
zěn dú tiào shéng jiǎng děi yǔ qiú xì pái lán lián yùn
怎 独 跳 绳 讲 得 羽 球 戏 排 篮 连 运

8
yè sī chuáng guāng yí jǔ wàng dī gù
夜 思 床 光 疑 举 望 低 故

9
dǎn gǎn wǎng wài yǒng chuāng luàn piān sàn yuán xiàng wēi
胆 敢 往 外 勇 窗 乱 偏 散 原 像 微

10
duān zòng jié zǒng mǐ jiān fēn dòu ròu dài zhī jù niàn
端 粽 节 总 米 间 分 豆 肉 带 知 据 念

11
hóng zuò jiāo tí sǎ tiāo xìng jìng ná zhào qiān qún
虹 座 浇 提 洒 挑 兴 镜 拿 照 千 裙

语文园地四
méi bí zuǐ bó bì dù tuǐ jiǎo
眉 鼻 嘴 脖 臂 肚 腿 脚

识字

5
qīng tíng mí cáng zào mǎ yǐ shí liáng zhī zhū wǎng
蜻 蜓 迷 藏 造 蚂 蚁 食 粮 蜘 蛛 网

6
yuán yán hán kù shǔ liáng chén xì zhāo xiá xī yáng
圆 严 寒 酷 暑 凉 晨 细 朝 霞 夕 杨

7
cāo chǎng bá pāi pǎo tī líng rè nào duàn liàn tǐ
操 场 拔 拍 跑 踢 铃 热 闹 锻 炼 体

8
zhī chū xìng shàn xí jiào qiān guì zhuān yòu yù qì yì
之 初 性 善 习 教 迁 贵 专 幼 玉 器 义

语文园地五
fàn néng bǎo chá pào qīng biān pào
饭 能 饱 茶 泡 轻 鞭 炮

课文

12
shǒu zōng jì fú píng quán liú ài róu hé lù jiǎo
首 踪 迹 浮 萍 泉 流 爱 柔 荷 露 角

13
zhū yáo tǎng jīng tíng jī zhǎn tòu chì bǎng chàng duǒ
珠 摇 躺 晶 停 机 展 透 翅 膀 唱 朵

	yāo	pō	chén	shēn	cháo	shī	ne	kòng	mēn	xiāo	xī	bān	xiǎng
14	腰	坡	沉	伸	潮	湿	呢	空	闷	消	息	搬	响
	gùn	tāng	shàn	yǐ	yíng	qiān	zhī	dǒu					
语文园地六	棍	汤	扇	椅	萤	牵	织	斗					
	jù	cì	diū	nǎ	xīn	měi	píng	tā	xiē	zǐ	jiǎn	chá	suǒ
15	具	次	丢	哪	新	每	平	她	些	仔	检	查	所
	zhōng	yuán	chí	xǐ	bēi	gāng	tàn	gòng	qì	jué	dìng	yǐ	jīng
16	钟	元	迟	洗	背	刚	叹	共	汽	决	定	已	经
	wù	hǔ	xióng	tōng	zhù	yì	biàn	bǎi	shé	guǐ	liǎn	zhǔn	dì
17	物	虎	熊	通	注	意	遍	百	舌	鬼	脸	准	第
	hóu	jiē	bāi	káng	mǎn	rēng	zhāi	pěng	guā	bào	bèng	zhuī	
18	猴	结	掰	扛	满	扔	摘	捧	瓜	抱	蹦	追	
	chǎo	pàng	suì	xiàn	piào	jiāo	gōng	gān					
语文园地七	吵	胖	岁	现	票	交	弓	甘					
	mián	niáng	zhì	yàn	bié	gàn	rán	qí	kē	piáo	bì	tǔ	la
19	棉	娘	治	燕	别	干	然	奇	颗	瓢	碧	吐	啦
	gū	dōng	shú	diào	xià	lù	táo	mìng	xiàng	yě	lán	lǐng	
20	咕	咚	熟	掉	吓	鹿	逃	命	象	野	拦	领	
	bì	qiáng	wén	yǎo	duàn	nín	bō	shuǎi	gǎn	fáng	shǎ	zhuǎn	
21	壁	墙	蚊	咬	断	您	拔	甩	赶	房	傻	转	
	wèi	shuā	shū	jīn	cā	zào	zǎo	pén					
语文园地八	卫	刷	梳	巾	擦	皂	澡	盆					

（共400个生字）

写字表

识字

chūn dōng fēng xuě huā fēi rù
1 春 冬 风 雪 花 飞 入

xìng shén me shuāng guó wáng fāng
2 姓 什 么 双 国 王 方

qīng qīng qì qíng qíng qǐng shēng
3 青 清 气 晴 情 请 生

zì zuǒ yòu hóng shí dòng wàn
4 字 左 右 红 时 动 万

课文

chī jiào zhǔ jiāng zhù méi yǐ
1 吃 叫 主 江 住 没 以

huì zǒu běi jīng mén guǎng
2 会 走 北 京 门 广

guò gè zhǒng yàng huǒ bàn zhè
3 过 各 种 样 伙 伴 这

tài yáng xiào jīn qiū yīn wèi
4 太 阳 校 金 秋 因 为

tā hé shuō yě dì tīng gē
5 他 河 说 也 地 听 哥

dān jū zhāo hū kuài lè
6 单 居 招 呼 快 乐

wán hěn dāng yīn jiǎng xíng xǔ
7 玩 很 当 音 讲 行 许

sī chuáng qián guāng dī gù xiāng
8 思 床 前 光 低 故 乡

sè wài kàn bà wǎn xiào zài
9 色 外 看 爸 晚 笑 再

wǔ jié yè mǐ zhēn fēn dòu
10 午 节 叶 米 真 分 豆

nà zhe dào gāo xìng qiān chéng
11 那 着 到 高 兴 千 成

识字

jiān mí zào yùn chí huān wǎng
5 间 迷 造 运 池 欢 网

gǔ liáng xì xī lǐ yǔ xiāng
6 古 凉 细 夕 李 语 香

dǎ pāi pǎo zú shēng shēn tǐ
7 打 拍 跑 足 声 身 体

zhī xiāng jìn xí yuǎn yù yì
8 之 相 近 习 远 玉 义

课文

shǒu cǎi wú shù ài jiān jiǎo
12 首 采 无 树 爱 尖 角

liàng jī tái fàng yú duǒ měi
13 亮 机 台 放 鱼 朵 美

zhí ya biān ne ma ba jiā
14 直 呀 边 呢 吗 吧 加

wén cì zhǎo píng bàn ràng bāo
15 文 次 找 平 办 让 包

zhōng yuán xǐ gòng yǐ jīng zuò
16 钟 元 洗 共 已 经 坐

yào lián bǎi hái shé diǎn
17 要 连 百 还 舌 点

kuài fēi cháng wǎng guā jìn kōng
18 块 非 常 往 瓜 进 空

19 bìng yī bié gàn qí qī xīng
病 医 别 干 奇 七 星

20 xià pà gēn jiā yáng xiàng dōu
吓 怕 跟 家 羊 象 都

21 zhuō tiáo pá jiě nín cǎo fáng
捉 条 爬 姐 您 草 房

（共200个字）

常用偏旁名称表

偏旁	名称	例字
厂	厂字头	原
冫	两点水	净 冰
丷	倒八	单
卩	单耳旁	却
又	又字旁	欢 观
阝	双耳旁	降 都
土	提土旁	块 场
大	大字头	奇 牵
广	广字旁	席
弓	弓字旁	张 弯
子	子字旁	孤 孩
牛	牛字旁	物
斤	斤字旁	新 断
车	车字旁	转 辆

偏旁	名称	例字
火	火字旁	炼 炮
户	户字头	房 扇
心	心字底	忘 想
钅	金字旁	钱 铅
疒	病字旁	病
立	立字旁	端 站
衤	衣字旁	裙 初
页	页字边	颜 领
舌	舌字旁	甜 乱
米	米字旁	粽 粮
走	走字旁	赵 赶
足	足字旁	路 跟
身	身字旁	躺
雨	雨字头	霜 雷